発達障害・
グレーゾーン
かもしれない人の
仕事術

中村郁
Nakamura Iku

Work skills for people
who may have developmental disabilities

かんき出版

まえがき

あなたには、仕事をする上でこんな困り事がありませんか？

□忘れ物や落とし物をよくする
□片付けが苦手だ
□単純なミスが多い
□頼まれた仕事を忘れてしまう
□スケジュール管理ができない
□やらなければならないことを先延ばしにしてしまう
□集中力が続かない
□興味のあることには過度に没頭してしまう
□自分ではどうしようもないことを、ぐるぐるといつまでも思い悩んでしまう
□よく遅刻をしてしまう

□曖昧《あいまい》な指示が理解できない
□朝、なかなか起きられない
□思いついたら衝動的に行動に移してしまう
□いくつものことを同時にこなすことができない
□たくさんの人と接すると過度に疲れてしまう
□上司や同僚をよく怒らせてしまう
□失礼な人だと思われることがある
□空気が読めない、または時として読みすぎてしまう

これらは、社会の一員として働きはじめてから今日まで、私が悩んできたことの一覧です。私はこのような事情から、学生時代にはアルバイトをことごとくクビになりました。

もし**皆さんに少しでも当てはまるものがあるとしたら、ひょっとすると発達障害もしくは、グレーゾーンかもしれません。**

自己紹介が遅れました。はじめまして。中村郁と申します。私は今、ナレーター、声優という声の仕事をしています。また、大人になってから発達障害の診断を受けた発達障害当事者でもあります。

発達障害と聞くと、「えっ？　障害？」と一歩後ずさりしてしまう方もいるかと思います。でも、発達障害はめずらしいものではありません。現在、発達障害の診断がおりる日本人は急増しています。

文部科学省の調査では、**日本人小学生の約10人に1人が発達障害であることがわかりました。**診断が確定されないグレーゾーンの人を含めると、もっと多いことになります。また、最近では大人になって、社会に出てから発達障害であることがわかるケースも増えています。

普通の人が普通にできることができない。私は、その理由が発達障害であることに気づくまで、自分はダメ人間なのだ、と自身を責め続けてきました。

必死にがんばっているのに、努力していない、怠けている、と周りから判断されることは非常に辛く、答えのない問題を解き続けているような感覚でした。生きた心地がせず、足元は常にぐらつき、非常に不安定な中を歩いていました。

そんなとき、同僚が検査を受けて、発達障害であることがわかりました。それを聞いた私は、もしかして自分もそうなのではないかと思い、病院へ行くことにしたのです。診断結果は、やはり発達障害。自閉スペクトラム症（ASD）と注意欠如・多動症（ADHD）の併存でした。

発達障害は主に、自閉スペクトラム症（ASD）、注意欠如・多動症（ADHD）、学習障害／限局性学習症（LD／SLD）の3つがあげられます。

ASDは、コミュニケーションや対人関係に困難を抱え、強いこだわりがあることが特徴です。 だから、相手の気持ちがわからなかったり、空気が読めないと言われたりしてしまうことも多いです。そして、好きなことにはとことんのめりこむ傾向があります。

また、音や光などの刺激に対して敏感なことも。

ADHDは、注意力散漫だったり、多動・衝動性があったりするのが特徴です。

ドーパミンやアドレナリンという神経伝達物質と関係があり、これらの分泌量がうまく調整されないことでADHDの特性が表れると言われています。

気が散る、ミスが多い、忘れ物が多い、感情のコントロールができない、計画を立てられないなど、仕事をする上でADHDの特性により苦労することも多いでしょう。治ることはないのですが、薬などである程度、症状を抑えることは可能です。

LD／SLDは、知的障害を持たなくても、文字の読み書きや計算などの特定の能力に困難を抱えます。

発達障害を持つ人は、能力に凹凸があり、できることとできないことの差が激しい傾向にあります。

実際、私の場合、ものを記憶したり、計算したりするのは得意で、学校のテストは毎度一夜漬けで勝負できました。一方で、情報を処理し、的確に行動することが著しく苦手で、仕事では、「なんでそんなこともできないのだ！」と怒鳴られることが多々ありました。

学校の勉強はなんとかなっても、社会に出て仕事をするとつまずいてしまう。その結果、二次障害である鬱《うつ》を発症して仕事を続けることができなくなる。こういった人があとを絶ちません。

いったい、なぜか。

それは、この社会には暗黙のルールや常識が存在していて、私たち発達障害を持つ人たちは、そこを理解することが困難だからです。

私は自分が発達障害だと診断されたとき、ショックというよりは、むしろホッとしました。ずっと悩み続けてきた問題の答えがわかったからです。普通の人が当たり前にできることができない理由を知ることができました。

理由がわかれば、対策を練ることができます。アルバイトはすべてクビになりましたが、私は22年間、今の仕事を産休を除いて一度も休むことなく続けることができています。

それは奇跡でもなんでもありません。

数々のアルバイトをクビになり、なんとかたどり着いたこの仕事を失わないために、さまざまな対策をとり続けてきたからです。

世の中にはたくさんのビジネス書があるので、私はこれまで何十冊と読み漁ってきました。しかし、発達障害の私は、そのまま実践するとうまくいかないことも多いのです。そこで、発達障害の特性を考慮したやり方があるのではないかと試行錯誤を続けました。その結果、できあがったのが本書で紹介する仕事術です。

私たちに必要なのは、環境を調整することです。

発達障害の特性は、使い方を間違えると大暴走し、周りの人に迷惑をかけてしまうことがありますが、うまく使いこなすことができれば、他の人にはできないようなことを達成することもできます。

私たちの特性をうまく使いこなすために必要なこと。それは、まず自分を知り、理解し、認めることです。

私たちは人よりもできないことがたくさんあるかもしれません。でも、できないことは、克服しようとしないでください。苦手なことは、特訓しても克服できません。とにかく、工夫をするのです。

本書には、私や発達障害を持つ仲間たちが、実際にやってみて効果があったものをたくさん記しました。

何か1つでも、あなたのお役に立つことができたら、著者としてこんなに嬉しいことはありません。

中村郁

第1章 大きなミスをしないための回避法

第2章 環境を整えるライフハック

第3章 得意を活かし、不得意を補う仕事術

第4章 失礼にならずにすむ「守り」のコミュニケーション術

第5章 いつも忘れずに持ち続けたいマインド

第6章 苦手な朝と遅刻癖を克服する習慣

第7章

落ち込んだときに復活するマジック

◎ブックデザイン　喜來詩織（エントツ）
◎カバーイラスト　亀山鶴子
◎ＤＴＰ　ニッタプリントサービス
◎校正　鴎来堂

第1章

大きなミスをしないための回避法

1 持ち物はすべてリスト化する

あなたは、どれくらいの頻度で忘れ物をしますか？

私は家を出発したあと、忘れ物に気づき、5回も引き返したことがあります。その姿を思い返すと、まるで狭い動物園の中で、同じところを行ったり来たりと常同行動を繰り返しているツキノワグマのようです。

そして、何度も何度も忘れ物を取りに家に引き返すとどうなるか……。

そうです。遅刻してしまうのです。学生時代の私のあだ名は「遅刻の女王」でした。

そんな私ですが、ナレーションの仕事をはじめてからは一切遅刻しなくなりました。

叱られるくらいでなんとかなる学校や、謝れば許してもらえる友達との約束とは違い（それも回数に限度がありますが）、仕事は一度でも遅刻をしてしまったら……。特に私のような仕事に就いている人は、「遅刻＝即クビ」と言っても過言ではありません！

そこで、私が絶対に忘れ物をしないためにしたことが、非常にありきたりですが、持ち物をすべてリスト化することです。**ホワイトボード、またはコルクボードを用意して、そこに毎日持っていくものをすべて書き出します。**

・スマホ　・スマホの充電器　・財布　・時計　・ナレーションの原稿　・家の鍵

・ボールペン　・手帳　・名刺入れ　・テレビ局の入館証　・メイク直し道具

私が絶対に忘れてはいけないものはこれくらいです。

「あえて書き出さなくても、そんなもの忘れないんじゃないの」と思ったそこのあなた。油断は禁物です！　「私たちは忘れるのだ」ということを肝に銘じておいてください。

そして、日によっては、公共料金の振込用紙、郵便物、特別な提出物など、絶対に忘れてはいけないものが出てくるので、それを前日に必ず、ボードに書き加えてください。さらに、**出かける前に1つ1つ必ず確認してください。**原始的な方法ですが、私はこれでずいぶん忘れ物を防ぐことができるようになりました。

もう一度言います。発達障害の私たちは忘れます。必ず忘れるのです。

基本に立ち返り、確認を怠らないようにしましょう。ツキノワグマにならずにすみます。

2 カバン1つにすべて集約

私のカバンの中は、常にぐちゃぐちゃ。どこに何が入っているのかがわからず、名刺を渡す際に相手をお待たせしてしまうことも日常茶飯事でした。待たせているだけでも問題なのに、やっと見つけた名刺入れを取り出した瞬間、アメの包み紙や、レシートなどのゴミが一緒に飛び出してきます。そんな自分に嫌気がさし、私はカバンを選ぶ基準を、「おしゃれなカバン」から「大きくて整理整頓しやすいカバン」に変えました。

私がカバンを選ぶ際に定めた5つの条件を紹介します。

① 大容量であること

私は仕事に行くときに使うカバンは、1つと決めています。なぜなら中身の入れ替えをすると必ず移し忘れをしてしまうからです。さまざまな現場で必要だと思われるものを1つのカバンに入れているので、容量は必然的に大きくなります。

② 中身が見やすいこと

一目で何がどこにあるかわかる必要があるので、開口部の大きいものが必須です。

③整理整頓しやすいこと

カバンの中がぐちゃぐちゃになるので、仕切りやポケットが多いものを選びます。

④汚れが目立たないもの

私はすぐ、床にカバンを置いてしまいます。また、ドリンクをこぼしたりするので、白やベージュのカバンは持ちません。

⑤どんな服装にも合うもの

この5か条のもと、探し回り、ついに出会ったのが、Shaelykaというブランドの**3wayリュック**です。

14インチパソコンも入る大容量で、開口部が非常に大きく、中身が見渡せる。汚れてもさっと拭き取ることができる。トートバッグ、ショルダーバッグ、リュックサックに変身するため、どんなファッションにも合う。しかも、安価。

このカバンを使いはじめてから、名刺入れをごそごそ探すことも、お菓子のゴミがカバンから飛び出すこともなくなりました。

3 常に自分を疑う

あなたは、自分の行動に自信がありますか？

私はまったく自信がありません。常に何かが抜けており、ミスだらけの人生を送ってきたので、自分のことが信頼できません。しかし、その「自分を信頼できない」と思う気持ちが、実はとても重要なのです。

私たち発達障害を持つ人に最も必要なこと、それは「常に自分を疑う」ということです。

生活において、仕事において、トラブルが発生したとき。まず疑うべきは、「自分」です。トラブルが起きる8割の原因は、自分にあると心に刻んでおきましょう。

私がナレーションを担当している番組のスタッフさんの中にも、発達障害を持つ人がいます。その方が電話でトラブルに対処している様子を、隣で見ていました。

すると、最初に「こんな僕ですので、恐らく、いや、100％僕のミスだと思います！申し訳ありません！このあと、確認します」と、平謝りしていました。

しかしその後、彼のミスではなく、先方のミスだったことがわかりました。

「僕のミスじゃなかったです！」そのときの彼の安堵した笑顔が忘れられません。

まず、自分を疑う。そして、謝る。自分を知っているからこそ、ミスしやすい自分を認めているからこそ、できる行動です。自分を疑って真摯に謝った彼に対して、電話の向こう側の相手は好意すら覚えるでしょう。


思ったことを頭の中で整理せずに、すぐ声に出してしまうところも、私たちの特性です。さらに、自分の正しさを主張しがちなところもあります。

自分のミスじゃなかったとしても、「自分のミスではない」と第一声を発していたら、余計なトラブルが起きていたかもしれません。

ぜひ「常に自分を疑う」ことを心がけてみてください。周りの人とのトラブルが少なくなります。「自分を疑うなんて嫌だ！」「自分を信じることが大切だ！」と感じるかもしれませんが、一度でいいので試してみてください。生きやすくなることを実感できると思います。

4 必ず振り返る

私たちは常に自分を疑うべきだ、と前項でお伝えしましたが、これは日常生活全般において言えることです。

家を出るときは、忘れ物がないか自分を疑って振り返ってください。

鍵は閉めましたか？　振り返ってください。

電車から降りるときも、車内に忘れ物がないか振り返ってください。

お手洗いに行ったとき、忘れ物がないか振り返ってください。

うるさいなー、と思ったそこのあなた。本当に申し訳ありません……。これはかつての私への言葉でもあるのです。私は数々の失敗を繰り返してきました。家の鍵をしょっちゅう閉め忘れ、傘を何本も何本も電車に忘れ、スマホをお手洗いに置き忘れ……。

ものの置き忘れだけではありません。公共料金の支払いを忘れ、真っ暗な部屋の中でろうそくに火を灯して過ごした夜もありました。家賃を払い忘れ、玄関のドアに強制退去の紙を貼られたこともありました。

これらは、「自分への過信」が招いた結果です。**きっと忘れないだろう、と過信することが、悲劇に繋がります。**

人とのコミュニケーションにおいても同じです。言わなくてもわかってくれるだろう。伝わるだろう。多少のミスは許してくれるだろう。そういった過信で、いつか信頼を失います。

かつての私は、自分の行動を振り返ることもせず、「なぜあの人は私を嫌うのだろう。私は悪くないはずなのに」と考えてしまうことがありました。実際は、さまざまな細かい失礼を繰り返していたのに、それに気づかず過ごしていたのです。

毎回、自分の言動はおかしくなかったか、振り返るようにしましょう。

何度も何度も振り返った結果、それでも、私たちからは抜け落ちます。私は、これを**「魔のブラックホール現象」**と呼んでいます。もしこの現象に陥ってしまったときは、潔く諦め、誰かに迷惑をかけたなら謝罪しましょう。それ以上自分を責める必要はありません。

5 1回寝かせる

あなたはラブレターを書いたことはありますか？　私はあります。

思いが募るのは、大抵真夜中です。募りに募った想いのままにペンを走らせ、書き綴ったラブレター。翌朝見返してみると……「なんじゃこりゃ！　気持ち悪っ！」。

このように、衝動的に書き綴ったものを冷静になって見返してみると、なんとも恥ずかしいものに仕上がっていることは、よくある話です。

わかりやすいようにラブレターの例をあげましたが、**私たちADHDの特性のある人は、他の人よりも衝動的になりやすいので、仕事でも1回寝かせる、ということがとても重要になります。**

私は執筆をする際、はじめに企画書を作ります。そのときは、発達障害の特性である「過集中」（何かをはじめると脇目もふらず一心不乱に集中すること）を働かせて、一気に書いていきます。そして、企画書を作り上げた瞬間、「やりきったぞ！」という達成感に包まれ、挙を天高く突き上げるのです。その状態で企画書を見返すと、どこからどう見ても最高です。企画が通る気しかしない。そんな自信に満ち溢れます。

しかし、私はこの段階で企画書を提出することは絶対にしません。がんばった自分自身を褒めたい気持ちが強く、悪いところが目に入らないからです。

この段階で誰かに見せることも危険です。気分が最高潮のときにダメ出しをされると、極端に落ち込むか、そうでなければハイ状態になっているため、人の意見を素直に自分の中に落とし込むことができません。

ですから、私の場合、最低３日は寝かせるようにしています。そして冷静に向き合ってみると、客観的な視点から、書き上げた直後には見えなかった改善点が見えてきます。

客観的に物事を見る。これは企画書作成だけではなく、あらゆる仕事において大切なことだと思います。

情熱を燃やして作ったものは人の心を動かします。客観的に冷静に処理されたものは独りよがりにならず、人の共感を生みます。１回寝かせるだけで、２つのいいところが素晴らしい相乗効果を生み出すのです。あなたの仕事のクオリティはぐっと上がるでしょう。

6

どんなに細かいことでもやるべきことをすべて書き出す

あなたは、同時進行で物事を進めることは得意ですか？　発達障害を持つ私は苦手です。苦手すぎて、たくさんの業務を抱えると、何から手を付けたらいいのかわからなくなり、頭からプシューーッと煙が出てきます。

そんな私が見つけた非常にシンプルで効果的な方法があります。それは、**ノートに「やるべきことをすべて書き出す」というものです。**

試しに、今日、私がやるべきことを書き出してみましょう。

【ホームページを作ってくださった業者への振り込み】【娘のバレエの発表会代の振り込み】【今書いているこの原稿を書き上げる】【来年度の宣材プロフィールの確認】

「めっちゃ一杯やることあるわー」と思っていたのに、意外にそんなに多くないことに気づきました。

さらに、**近々に期限がやってくる、やらなければならないことを考えてみます。**

こういうとき、１００個くらい課題があるのではないか……という悲観的な気持ちになりませんか？　でもとりあえず、書いてみます。

【講演会の内容を練る】【市役所に書類を提出する】【読み聞かせイベントの絵本選別】【娘のバレエの発表会に必要なものを揃える】【この本の原稿の最終締め切りを必ず守る】

意外と少ない。１００個くらいあるのでは、と思っていたのに、５個しかありません。一気に考えようとするから頭から煙が出るのです。


次に、**それぞれの課題の横に、期限を書いていきましょう。**業務には、「取り組めば１日で終わること」と、「日々コツコツ積み上げていかなければならないこと」の２種類があります。私の場合で言えば、原稿を締め切りまでに仕上げることは、日々少しずつ進めていかなければ期限までにできないことです。この、日々少しずつ進めていかなければならないことに関しては、毎日どれくらい進めればいいかを、逆算して書き出すのです。

このように物事を細分化していけば、意外といけそうな気がしてきませんか？

もしあなたが頭から煙が出そうになったときには、この、すべて書き出す方法を試してみてくださいね。プシューッとならずにすみます。

7 ボイスメモにやらなければならないことを録音する

どんなに細かいことでも、やるべきことをすべて書き出す、ということをお伝えしましたが、紙に書くこと以外にもう1つおすすめの方法があります。それは、ボイスメモ機能を使うことです。

朝起きて、**頭がスッキリしてきたタイミングでボイスメモアプリを開いてください。**そして、その日のうちに絶対にやらなければならないことを録音しましょう。

例えば、公共料金の支払い、郵便局に荷物を持っていく、〇〇さんへの連絡、など切羽詰まっているものです。

私は、手紙やはがきを出したいと思ってカバンの中に入れて出かけても、ポストに投函するのを必ず忘れます。しかも何日も何日も忘れ、ついにはその手紙やはがきの存在すら忘れてしまうことがあります。

忘れるのは郵便物だけではありません。公共料金の支払いや、仕事関係の方に連絡することを忘れてしまうことも多く、何度もポカをしてきました。

紙に書いてもなお忘れてしまう私が、悩みに悩んだ末にたどり着いたのが、さらにしっかりと頭に刻み込むためのボイスメモ活用術です。

自分の口で言葉にし、録音し、録音したものを耳で聞く。この作業は、紙に書くよりも確実に頭の中に刻み込まれます。

より美しい声で、よりきれいな滑舌で、録音を数回繰り返す。噛む度にやり直したり、おもしろいキャラクターになって録音してみたりしているうちに、忘れにくくなるのです。

また、日々録音を繰り返すうちに、噛まないで言えた！　滑舌よく言えた！　と新たな楽しみを見出すかもしれません。

「ライフハックは楽しく！」が基本です。楽しみながらあの手この手を使いましょう。

エンターテインメント性を高めていくと、苦にならず続けることができます。

8 自分でハードルを下げる

発達障害のある人は、得意不得意の差が激しいという特徴があります。多くの人が普通にできることができない私たちは、他者からがっかりされることが多いです。

がっかりされたくなくて、自分を大きく見せようとしてしまうのも、発達障害を持つ人がやってしまいがちなことの1つです。私の場合、第一印象はいいのですが、どんどん、どんくさい部分や抜けている部分が露呈し、がっかりされ失望されることがたくさんありました。そこで私は、自分を大きく見せようとすることをやめました。自分でハードルを下げることに決めたのです。

まず**得意なことと、苦手なことを洗い出し、苦手なことを依頼されたときには、素直に伝える**ことにしました。

例えば、私の場合は原稿に書かれたナレーションを集中して読むことは得意ですが、臨機応変に対応しなければならない司会の仕事は苦手です。ですので、司会の仕事を依頼されたときは、素直に「少し苦手なことなのでうまくできるかわかりませんが、全力は尽くします」という一言を付け加えることにしたのです。

これは非常に有効でした。事前に伝えておくことで、相手の私への期待は薄まります。期待されないことを悲しく感じる必要はありません。苦手なことを自信満々に承って失敗すると、ハードルを上げた分だけ、評価の下がる幅が大きくなります。

しかし、全力を尽くした結果、苦手なことでもたまたまうまくいくことはあります。そのときは、「苦手って言ってたのにできるじゃない！」と喜ばれ、相手の薄い期待を大きく上回り、評価は逆に高くなるのです。

一方で、**発達障害のある人は、他の人よりも得意なことがあります。この得意なことを頼まれたときは、ハードルを下げる必要はありません。**謙虚すぎる姿勢をとるべきではないでしょう。信用のベースを、得意なことで作るのです。

「こちらは安心して私にお任せください！」と胸を張って伝えましょう。

このように、得意不得意に大きな差のある私たちは、それを素直に相手に伝えることで、メリハリのある真摯な仕事ができます。その結果、信頼を保ち続けることができるのです。

9

発達障害を持つ私たちの最大の落とし穴「報・連・相」

発達障害の私たちにとって、とても苦手なことがあります。

それは、「報・連・相」。つまり、報告、連絡、相談です。

ASDの方は空気を読むことが苦手なので、上司や先輩に相談したくても、いつ声をかければいいのかわかりませんし、どのぐらいの頻度で報告したらいいのかもわかりません。

ADHDの方は、報・連・相しなければならないこと自体、忘れてしまうことがあります。

それが原因で上司やお客様から、「あれどうなった？」「なんで事前に言ってくれなかったんだ？」と叱られることも多々あるでしょう。

以前、そのことで思い悩んでいた私に、先輩がこんな言葉をくれました。

「たとえ鬱陶《うっとう》しがられても、何度でも、すべて報告しなさい」

このときから、仕事に関する報告はもちろん、外部内部双方からの意見や、ややもすると叱られるようなことでも、起きた出来事はすべて事務所や社長に細かく報告することにしました。

すると事務所から、「中村さんは何でも正直に報告してくれるから信頼できる」と評価してもらえるようになったのです。その後は重要な案件や社内プロジェクトで名前をあげてもらえたり、声をかけてもらえたりするようになりました。

逆に、事務所に連絡せず個人で仕事を受けたり、自らの勝手な判断で取引上必要な報告を怠ったり、社内の人間に相談せずに外部に不満を漏らしたりしていた人が、社内外の信用を失い、去っていくのを何度も見てきました。

あれこれ考えずに報告。グダグダでもいいから報告。いい格好をしようとしてはいけません。とにかくすべて報告するのです。上手に報告できなくても、タイミングを間違えたとしても、とにかく起きた出来事をすべて報告しましょう。叱られることがあっても、たいしたことではありません。不器用な私でも、この「グダグダでもいい！報・連・相術」で、なんとかやれています。

10

メッセージ返信の時間を1日に一度必ず取る

あなたはメールなどの返信は早いですか？　きちんと忘れずにできるでしょうか？

私は返信が得意ではありませんでした。返さなければ、と思っているうちに別のことに気を取られ、気づけば1週間も放置していた、ということはざらにありました。グループＬＩＮＥなどでも、私だけ返信が遅くて叱られることも多々ありました。

今はさまざまなＳＮＳがあり、日々、各ＳＮＳにいろんな方からメッセージやコメントが届きます。本を出版してからは、より多くの方からメッセージが届くようになりました。うっかり忘れてしまう私ではありますが、きちんと皆さんに漏れなくお返事をしたい、お返しができるようになりたいと、昔から強く思っていました。

そこで私は1日に一度、夜寝るまでの間に、メッセージをお返しする時間を必ず設けることにしました。**できるときにやればいいや、と思うのではなく、ルーティンの中にしっかり組み込む**のです。

ここで、注意しなければならないことがあります。それは、**何があっても別のことをしない**、ということです。お手洗いにいくことすら実のところ危険です。何か別のことに気を取られると、今やっていることをすぐに忘れてしまうADHDの特性に負けないためには、細心の注意を払わなければなりません。

一心不乱に返信している姿は、周りから見たら不気味かもしれませんが、それくらい一点集中でやらなければ、必ず漏れが生じてしまいます。

返信くらいと思ったそこのあなた。返信を忘れることほど、恐ろしいものはありません。信用を一瞬で失ってしまう可能性があるのです。

信用はコツコツ積み上げていくものです。誰かから信用してもらえる人になるには時間がかかります。一方で、長い時間をかけて積み上げた信用は、たった一度のミスで一瞬で失われてしまうほど非常に脆いものなのだ、ということを心に刻んでください。

これは、返信するのを忘れてたくさんの方からの信用を失い、ことの重大さに気づいた私があなたに送る、涙のメッセージです。

11 隙間仕事はするな！

電車に乗っているときの隙間時間を有効活用しよう！　というような話を耳にしたことがある方も多いと思います。確かに隙間時間は、何かしないともったいない時間です。

しかし私たちにとっての隙間仕事は、大きなミスへと繋がる地獄への階段であることを覚えておいてください。

ほとんどの人は、30分ほど電車に乗っているときなど、短い隙間時間を活用し、仕事のメールの返信をしたりできるかもしれません。

でも、私の場合は、電車に乗っているときに大切なメールを返そうとすると、何かしら不備が生じることが多いのです。**短い時間にこなそうとすると、ミスが生まれます。**資料の添付を忘れてしまったり、大事なことが抜け落ちていたり、誤字脱字だらけだったり。

先日、電車の中で、本書の原稿をいくつかまとめて担当編集者さんに送信したつもりが、原稿を1つも添付せずに送っていました。本の原稿を電車で書くなどしたら、集中しすぎて乗り過ごしてしまうことがわかっているので、絶対にしません。しかし、書いた原稿をまとめてメールで送る作業くらいはできるだろう、と自分を過信したのが間違いでした。

このような失敗の経験があるのは、私だけではないと思います。短い隙間時間に慌てて大切な仕事のメールの返信をするのは危険です。**大切なメールは時間をガッツリ取れるときに、作成するようにしましょう。**

隙間仕事をして、たまたまうまくいくことはあるでしょう。しかし、それは本当にたまたまなのです。

では、短い隙間時間に何をすればいいのか。答えは、仕事に関係のないこと。親しい友人へのメールの送信や、読書、今取り組んでいる勉強などです。ゲームをしてもいいでしょう。あなたの自由時間なのですから。短い隙間時間は、仕事以外のあなたの好きなことに使うようにしましょう。

ただ、好きなことをしていても、何かをやりはじめると没頭してしまう私たちです。乗り過ごすことには、変わりありません。タイマーをバイブでかけるなどして、降車忘れには最大の注意を払っておいてくださいね。

12 重要なメールに即返信できる秘策

メールの返信忘れというのは、発達障害を持つ私たちと切り離すことのできない大きな課題です。メール返信の時間を1日に一度必ず取る、ということをおすすめしましたが、ここでは重要なメールに対応する方法をお伝えします。

重要なメールは、パッとすぐに返信できるような軽い内容のものではないことがほとんどです。例えば、打ち合わせの日時を擦り合わせるメールの場合、しっかり確認せずに勢いで返信すると、間違いやミスが生じて大変なことになってしまいますよね。きちんとスケジュールを整理して、何日か候補をあげなければならないでしょう。

では、あとで改めてきちんと丁寧に返信しよう、そう思ってメールを閉じてしまうとどうなるでしょうか。

私たちは忘れます。必ず返信することを忘れます。

次のメール返信タイムで、思い出せるはずだと信じたいところですが、重要なメールは何があっても絶対に忘れてはならないので、**メールを見たタイミングで、自分の脳に一度フックをかけておく必要があります。**優等生気質の人ほど、しっかり丁寧に回答しなければならないと思う責任感から、メールの返信を後回しにしてしまうものです。しかし、後回しにしていいことは何もありません。

そこで、今から紹介するフレーズを使って、即返信してほしいのです。

「メールを拝受いたしました。ありがとうございます。確認させていただき、○時までにお返事させていただきます」

こうすることで、**あなたの脳に、「しっかり確認した上で必ず○時までに返信しなければならない」と刻み込むことができますし、メールを送った相手も安心するはずです。**

最悪のパターンとして、その後、改めてきちんとメールを返信するのを忘れてしまうこともあるかもしれません。避けたいことですが、私たちにはそういうパターンも十分にあり得ます。しかし、そうなってしまったとしても、あなたは、一度は返信をしています。それだけでも、まだ救いようがあります。あなたへの信頼が地の底まで落ちることは、防ぐことができるでしょう。

13 ハイになっているときほど鳥の目、魚の目、コウモリの目!

「虫の目、鳥の目、魚の目、コウモリの目」という言葉があります。これは、「物事をあらゆる視点から見てみる」という、ビジネスの場では非常に大切な考え方です。

虫の目は、虫のように、まず近づいてしっかり物事を見ること。
鳥の目は、大空を飛ぶ鳥のように、客観的に俯瞰《ふかん》で物事を見ること。
魚の目は、海を泳ぐ魚のように、しっかりと流れを読むこと。
コウモリの目は、ぶら下がっているコウモリのように、逆さまから物事を見ること。

発達障害を持つ私は、木を見て森を見ないところがあり、虫の目ばかりになりがちです。目の前のことに集中すると、それしか見えなくなってしまう。だから、鳥の目、魚の目、コウモリの目が大切になってきます。

私の仕事であるナレーションでたとえるなら、集中してただ原稿を読むことは、虫の目だけを使っていることになります。ここに夢中になりすぎると、自分の心地よさだけに満足した、独りよがりのナレーションになってしまいます。ですので、必ず鳥の目で自分のナレーションを俯瞰します。客観的に聞いたとき、どう感じるかを考えます。その次に魚の目です。そのナレーションは今の時代の流れにあっているか？　時代遅れのナレーションをしていないか？　さらに、コウモリの目で逆から見てみる。他にいい発想はないかと考えてみる。

この４つの目をバランスよく使うことで、仕事はうまくいきます。

コミュニケーションにおいても同じです。**目の前の人と会話するとき。この４つの目を必ず持っていてほしいのです。**

特に楽しくなってきているとき、心がハイになってきているときほど、要注意です。鳥の目で自分自身を見つめてください。魚の目で周りの人たちの流れを読んでください。コウモリの目で相手の気持ちを考えてみてください。

これは発達障害を持つ私たちには、かなり難しく高度な技となりますが、この視点を意識するだけでも、大きなミスを回避できる頻度は高くなります。私たちは虫の目になりがちであることを覚えておきましょう。

14

成功者の真似は危険です

先日、声優志望の50代の男性が私のところへやってきました。

「プロになりたいんです。そのために、会社もやめました！」

えーーーーっ?! 私は驚きを隠せませんでした。やる気は十分に伝わりますし、その覚悟は素晴らしいと思います。しかし、非常に危険な道を選択されたと思います。

巷《ちまた》に溢れる成功談にはさまざまなものがありますね。会社をやめたこの男性のように、「何かを手に入れるには何かを手放してスッキリしてからのほうがいい」という話もよく聞きます。しかし、会社をやめずとも、声優を目指すことは可能です。

成功したければ成功者の真似をしろ、とはよく言われることですが、私はおすすめしません。危険すぎます。

何を隠そう、私も衝動性がありますので、何度か成功者の真似をして失敗しているのです。

ある芸人さんがテレビでこんな話をしていました。

「タワーマンションに住むことにしました。家賃の高い家に住んだほうが覚悟が決まり、仕事が増えると思ったんです。実際、めっちゃ仕事が増えました！」

私は、「なるほど！」と思い、真似をしました。身の丈にそぐわないタワーマンションに移り住んだのです。なんとか生活をすることはできましたが、毎月高い家賃を支払い、貯金をする余裕はなし。あんなことをせずに、普通のマンションで暮らしていたら、今頃もっと余裕のある生活ができていたに違いありません。

特にタワーマンションに住んだからといって、仕事が増えることもありませんでした。むしろタワーマンションから引っ越したあとのほうが仕事は増えています。

成功者の言うことは、話半分に聞きましょう。インパクトのある話が巷に広がっているので、破天荒なほうがうまくいくかのように感じてしまいますが、非常に危ない綱渡りをすることになります。**私たちはただでさえ、危険な橋を渡る星のもとに生まれてきています。人生の選択は、なるべく穏やかな道を選びましょう。**

ただし、しっかり考え抜いて、危険を冒してでもやりたいことは、やってしまって構いません。覚悟した上で下した決断は、あなたを必ず成功に導いてくれるでしょう。

15

前もってやろう、ではない。自分で細かい期限を決めよう

発達障害を持つ私たちは、計画的に物事を進めることが苦手です。

学生時代の試験勉強は、一夜漬けするのが当たり前。毎回、次こそは前もって取り組もうと思うのですができません。これは、私たち特有の先延ばし癖によるものです。

また、それと同時に、私たちが持ち合わせている過集中が発動することで、徹夜である程度詰め込んで、そこそこの成績を収めることができてしまいます。だから、「まあ次もなんとかなるんじゃないか」と、たかを括ってしまうのです。

しかし、このえげつない最後のがんばりを前もってできていれば、もっともっと成績を上げられたのではないかと思うのです。

仕事でも同じです。前もって手を付けていれば、もっといい成果を出せるのでは、と思います。しかし、結論から言うと、それができないのが私たちなのです。

そんな私は今こうして、ナレーションの仕事をしたり本を書いたりしていますが、締め

切りに間に合わなかったことは実は一度もありません。手を抜くことなく、妥協することなく、仕事に取り組めているという自負があります。

その秘訣は、**大きな守るべき期限の前に、小さな期限を細かくたくさん設定する**ことです。執筆する際、私は大きな「原稿締め切り」という期限の前に、自分で小さな期限をたくさん設けます。○○日までに第1章を仕上げよう、○○日までに編集者さんに提出しよう、といったように細かい期限をたくさん決めておくのです。

その小さな期限が近づいてくるまではいつものごとく先延ばししますが、小さな期限前日には過集中を働かせ、必ず仕上げます。**自分との細かい約束をたくさん立てて、必ず守る、と心に誓うのです。**

自分との約束だけでは自信がない場合は、周りの人に宣言することもおすすめします。「私は何日までにこれをします！」と宣言してしまえば、周囲の目もありますから、やらざるを得なくなってしまいます。

前もってやろう、という考えを手放すことで、「ああ、早くやらなければ」という漠然とした強迫観念に駆られることなく、日々の生活をエンジョイできますよ。

16

発達障害の私たちが持つべき手帳

発達障害を持つ私たちは、スケジュールを管理することが苦手です。そんな私たちが持つべき手帳。それは**「シンプルな」手帳**です。

手帳を選ぶときはワクワクします。そのワクワクした気持ちで、自分の夢や毎日の目標が書けるようなもの、また1時間ごとにスケジュールを記入できるような意識高い系の手帳に手を伸ばし、私は惨敗してきました。続かないのです。

最初だけ張りきって丁寧に書き込むのですが、日に日にそのクオリティを維持できなくなり、書くこと自体が億劫になっていきます。その日の目標などを書く欄があるのに、記入できていないと、なんだか責められているような、自分がダメ人間だと言われているような気持ちになってしまうのです。

そして、手帳を開くのが嫌になって、大切なスケジュールさえ記入しなくなり、使わなくなってしまいます。

そんな私が、これ以外は使わなくなったという手帳があります。それは、NOLTY（ノルティ）エクリA5メモ（58ページ参照）。見開き1カ月のカレンダーの他に、大きなメモ欄が付いた見開き1週間のページがあります。ノート1冊分ほどの余白があるので、**書きたいときに、好きなところへ、好きなことが書き込めます。**

「書きたいときに」という自由度があるのがポイント。常に頭の中がぐるぐると忙しく動いて、さまざまな思考がこんがらがってくる私は、このたくさんの余白に、自分の考えていることや思いついたことを、自由に書き出す作業を繰り返しています。

忘れてはいけないことも、思いついたことも、すべて書き留めたこのスケジュール帳は、1年経つと書き殴られたメモでぐちゃぐちゃになっています。しかし、それは、1年の自分のがんばりに拍手を送ることができる血と涙の結晶、宝物となります。

誰にも見せることのない手帳は、あなたにとっての最高の相棒です。まずは相棒を見つけるところから、はじめてみてください。

手帳と最高のパートナーになることができれば、自然とスケジュール管理も上手になりますよ。

17 mahoraノートを使おう

ADHDを持つ人の頭の中は、常にぐるぐると動き回っています。

注意欠如・多動症というだけあって、実際の行動だけでなく、頭の中もせわしなく動き回っているので、思考を整理しないと、どんどんこんがらがっていきます。大事なことは抜け落ちますし、新しいアイデアがポンポンと浮かんでは消えていってしまいます。

「あなたの脳の回路はぐちゃぐちゃになっている」と言われたことのある私。脳の回路がぐちゃぐちゃと言われてイメージしたのは、ワカメや昆布が海の中で漂いながらどんどん絡まっていく様子でした。

自分の脳の状態を具体的にイメージして恐ろしくなった私は、それ以来、意識的に自分の考えていることなどをノートに書き出すようにしています。

そんなときに役に立つ、とっておきのノートが**「m《ま》ah《ほ》or《ら》aノート」**です（58ページ参照）。

なんとこのノートは、**約100名の発達障害当事者にアンケート調査を行い、紙の色や罫線の種類・間隔、表紙のデザインや1冊のページ数などの意見を集め、試行錯誤を重ねてたどり着いた究極のノートです。**なんとも言えない優しい色合いの紙色で、目に優しくとても書きやすくできています。

使いはじめてすぐにｍａｈｏｒａノートの魅力にとりつかれた私は、常にカバンに忍ばせています。頭がこんがらがる度に、このノートに書き込んで頭を整理しています。

同じく発達障害を持つ友人にこのノートを見せたところ、途端に気に入り、愛用してくれています。

この「ｍａｈｏｒａ」という言葉は、「住み心地のよいところ」を意味する大和言葉だそうです。発達障害の人の目線に立って作られたノートですが、私は発達障害の人のみならず、子供からお年寄りまで非常に使い心地のよいノートだと思います。

7歳の娘の家庭学習のノートとしても使用していますが、勉強に集中できる時間が長くなりました。

こんがらがりがちな頭を整理するノートとして、お迎えしてみてはいかがでしょうか。

18 音声だけのやり取りは回避する

仕事に関する連絡手段の1つとして、電話があります。

電話。要注意アイテムです。

私は所属事務所とやり取りするときにメールも電話も使いますが、極力メールを使用するようにしており、電話で会話するときは細心の注意を払っています。

電話をするときには、どんなに簡単な内容でもメモを取ってください。何度も繰り返しお伝えしていますが、私たちは忘れます。

またその辺の紙やレシートの裏などには、絶対に書かないでください。なくします。

私はカバンに手帳とｍａｈｏｒａノートを必ず忍ばせているので、このどちらかにしかメモは取らない、と決めています。

このように落とし穴がたくさんあるので連絡手段は極力メールを選ぶのですが、感謝の気持ちや喜びの気持ちを伝えたいときや、心を込めて謝罪したいときには、自分の声で熱量が確実に伝わる電話を使用しています。メールの文字からは温度は伝わりません。

しかし、好きなタイミングで見ることができるメールとは違い、電話は相手の「今」という時間を確実に奪います。

極力、伝え忘れや無駄がないように気をつけなければなりません。

何かと忘れてしまう私たちは、電話をする前に伝えたい内容を箇条書きでメモするようにしてください。メモせずに電話をかけてしまうと、「あっ、あれも伝えようと思ってたのに！」と、また電話をかけなければならなくなり、相手の貴重な時間を何度も奪い、迷惑をかけることになってしまいます。

気持ちを伝えたくてあえて電話を選択したのに、相手に迷惑をかけてしまうことになるのは悲しいですよね。

電話をかける前も、かけている間も、メモ。

何をおいてもメモする癖を付けておいてくださいね。

NOLTY（ノルティ）
エクリ A5 メモ

見開き１カ月 カレンダー

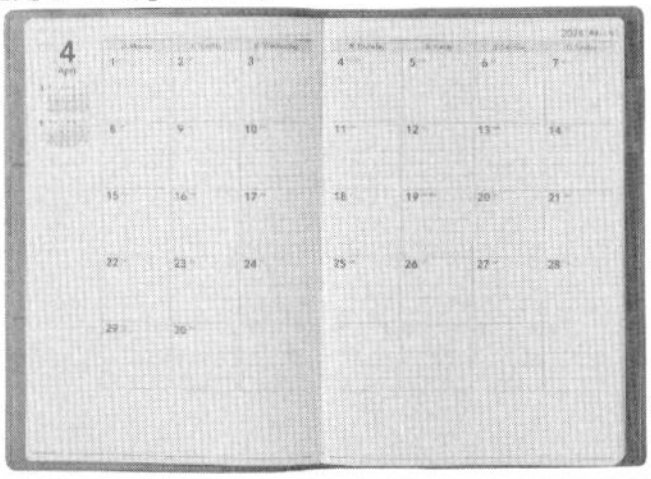

余白がたくさんあるため、
好きなところへ、好きなことが
書き込める

（日本能率協会マネジメントセンター）

見開き１週間 方眼メモ

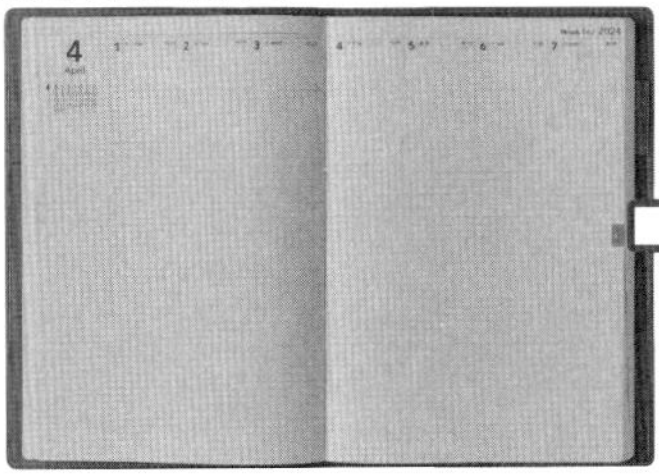

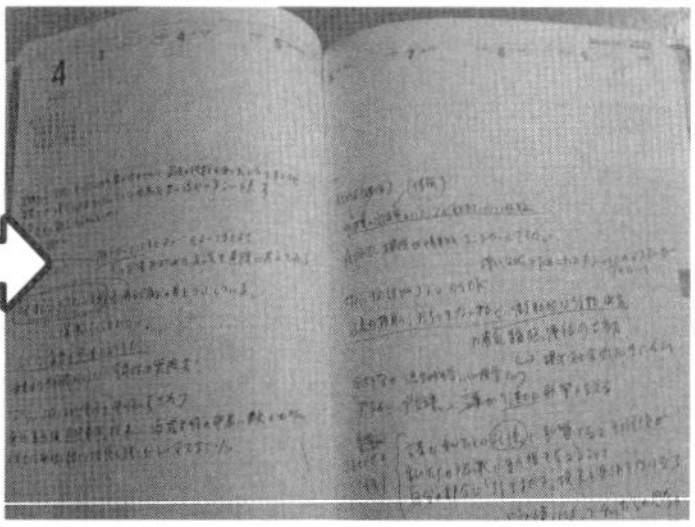

mahora ノート

「光の反射を抑えて目に優しい」
「識別しやすい罫線」
「シンプルなデザイン」

（大栗紙工株式会社）

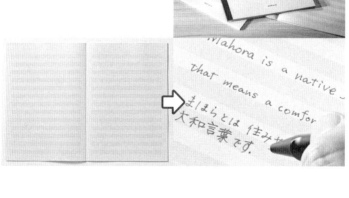

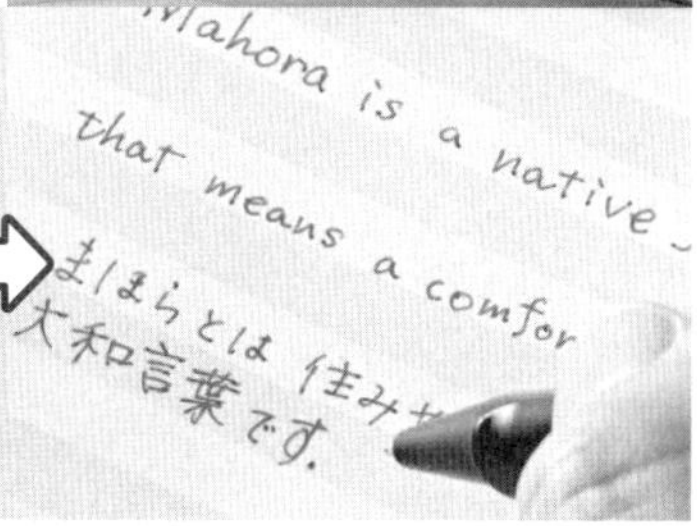

第2章

環境を整えるライフハック

19 紙袋大作戦でスッキリを手に入れる

ＡＤＨＤを持つ私は片付けが非常に苦手です。家の中を常にきれいに美しく保つのは不可能です。いつの間にか、いろいろなものが散乱し、何をどこに片付けたらいいのかわからなくなります。それでも片付けをするのですが、とにかく時間がかかります。なんとかしたいと整理収納アドバイザーの資格も取得しましたが、ダメでした。

そんな私が一番困るのは、緊急時。例えば、明日急にお客様がくることになったというような場合です。

リビングのテーブルの上はスッキリ何もない状態が理想ですが、いつの間にかボールペンやプリントなど、だんだんものが増えてきます。１つ１つを片付けようとすると、何をどこへしまえばいいのか、はたしているものなのかどうかなど、判断しなければならないことが多くて片付けるのが嫌になってきます。

ここで、登場するのが紙袋です。ざざっと、テーブルの上のものをどんどん入れてしまいましょう。そして、紙袋に「テーブル」と書きます。

リビングの床には子供のおもちゃも散乱します。おもちゃ箱にしまうようにしていますが、そこから溢れるおもちゃたちは行方がなく散乱することになります。そんなときも紙袋。ざざっと、すべて入れてしまいましょう。そして、「リビング」と書きます。

とにかく行き場がわからないものは、紙袋に入れるのです！

紙袋に入れる際、１つだけ気をつけてほしいことがあります。それは **「エリアごとにまとめて入れる」** ということです。エリアをぐちゃぐちゃにしてしまうと、どの紙袋に入れたかわからなくなって、あとですべての紙袋をひっくり返すことになります。

いろいろなものが入った紙袋は、そのまま、そのエリアのそばにそっと置いておきましょう。紙袋はきれいな柄やシックな柄のものも多く、お部屋の景観をさほど乱しません。これが、私が紙袋を推奨する大きな理由です。

会社のデスクをスッキリさせるときも有効です。ぜひ試してみてください。

ただし、お客様が帰られたあとは、忘れずにゆっくりと紙袋の中のものたちと向き合ってくださいね。これを忘れると、どんどん紙袋が増えてしまい、泣くことになります。

20 書類整理は年に4回と決める

書類は気づかぬうちに驚くほど増えていきます。そこで私は、重要な書類は「専用の引き出し」にすぐに入れ、提出しなければならない書類はよく見える場所に貼り出しています。

ここで問題となってくるのは、さほど重要ではない書類の整理です。このさほど重要ではない書類を受け止めてくれるもの。それが、はい！　また出ました！　紙袋です。

私は、**仕事関係の書類、子供の学校関係の書類、習い事関係の書類、郵便物など、カテゴリー別に分けて、別々の紙袋に入れています。そして、どこに分類したらいいのかわからないものは、「分類できないもの」として別の紙袋に入れます。**

書類が溜まってしまう原因として、「今は必要ないけれど後々必要になるかもしれない」「一応目を通したけれど捨ててしまうのはなんとなく不安だ」「思い出がある」などの、「なんとなく捨てにくい」という妙な感情が生まれることがあげられます。

この感情を一旦、紙袋に預けてしまうのです。なんとなく捨てられないという感情を紙袋に預けるがごとく、書類を紙袋にただただ入れていきます。

とりあえず、**3カ月はそのまま入れ続けてください。**

そして最後の書類を入れてから3カ月が経ち季節が変わる頃、紙袋の中身を改めて確認してほしいのです。

ほとんどの書類は、もうずいぶん前のものになっているはずです。3カ月間、一度も必要にならなかったら、何の躊躇もなく、ごっそり捨てることができるでしょう。

日々細かい書類整理、書類の分類をすることは、私たちADHDを持つ人にとっては、かなりのストレスです。その時間を手放して、自分の好きなことに時間を使いましょう。そして3カ月に一度、ごっそり捨てられるタイミングで爽快に書類整理をしましょう。

書類整理にあなたの大切な時間を奪われないでくださいね。

1月・4月・7月・10月と3カ月おきに中身を確認

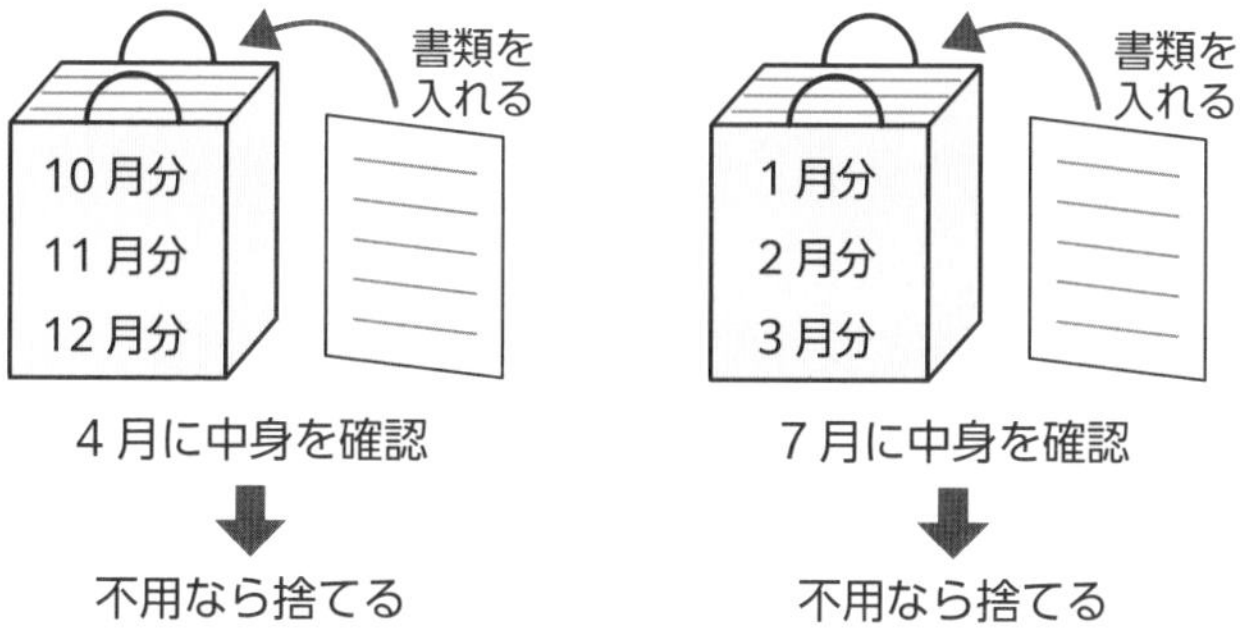

21 たった1つのクリアファイル術

あなたのカバンの中に、どうしても入れておいてほしいものがあります。それは、クリアファイルです。

私はクリアファイルに、「その日必要な書類」「近々必要になる書類」「公共料金の振込用紙」など、肌身離さず持っていたほうがいいものをすべて入れています。外出先での空き時間などに、このクリアファイルの中を見直すことで、公共料金の支払い忘れなども防ぐことができますし、大切な書類の内容を見返したり、仕事に備えて下準備をしたりすることもできます。

1日の中で書類をもらうタイミングは数限りなく訪れます。その都度、クリアファイルへさっと入れていきます。カテゴリーごとに細かく分ける必要はありません。さっと入れる。これが最大のポイントなのです。

書類を入れるものとしては、**ジッパー式のものや、パチンと蓋《ふた》を閉められるようなファ**

イルもありますが、これは避けましょう。なぜなら書類を渡されるタイミングはさまざまだからです。ジッパーや蓋をいちいち開けることすら、難しいシチュエーションがあります。そうなると、あなたはカバンの中に直接書類を入れてしまうかもしれません。この時点で、書類整理は崩壊します。それを避けるために、シンプルなクリアファイルである必要があるのです。

書類をなくさないためには、とにかく1つにまとめることです。どんな状況でもクリアファイルの中に書類を入れることさえできれば、書類の紛失を防ぐことができます。

しっかりと死守した書類を自宅に持ち帰ったら、やるべきことはただ1つ。**クリアファイルの中にある今後あまり使わない書類を、前項で説明した紙袋に移してください。**そして、スペースのできたクリアファイルで、翌日も手元にやってくるすべての書類を受け止めてください。そしてまた紙袋へ移す。やるべきことは非常にシンプルです。

カバンの中にたった1つ書類を受け止めるクリアファイルを入れておくだけで、書類がカバンの中でぐちゃぐちゃになるのを防ぐことができます。

22

文明の利器、紛失防止タグを使う

普通のことが普通にできない私は、日常生活を送ることにかなりの努力を要します。なくしものは、しょっちゅう。うろうろと家の中を歩き回り、いつも何かを探しています。そんな私が、なくしてはいけないのに、なくしまくったもの。それは鍵です。私はこれまで、50本以上なくしてきました。

家に入れず、部屋の小窓が開いているのを見つけ、まるで猿のようにベランダの柵をよじ登って自宅に入ったこともあります。何時間も同居人が帰ってくるのを、家の前で座って待っていたこともあります。自宅を出るときに鍵が見つからず、ドアを開けっぱなしにして出かけたことも……。なんとも危険な話です。そんな私なので、これまでは、鍵をもらった瞬間にすぐさまスペアキーを10本作る、という対策をとってきました。

しかし、あるとき、なくしものを劇的に減らす方法が見つかったのです。

電車に乗っていると、車内でこんな言葉が耳に飛び込んできました。

「最近、エアタグ使ってんねん。ものがなくならんくなったわー」

電車から降りた私は、ただちに「エアタグ」を検索すると、すぐに見つかりました。それは、**GPSが搭載された紛失防止タグ**、なるものでした。タグを付けたものは、近くにあった場合も、遠く離れていたとしても、そのありかがスマホからわかります。また、キーホルダー型やカード型があるので、鍵に付けたり、名刺入れや財布に入れたりと、取り付けるものの形状に合わせたものが選べます。「エアタグ」は基本的にiPhone対応なので、Androidユーザーの私が選んだのはTileというものです。

さて、スマホが見つからないときはどうするのか？

そのときは、Tileのボタンを押すと、**スマホから音が鳴るので見つけることができます。**

これはすごい。文明の利器です。使わない手はありませんね。私はTileを使用しはじめてからまだ一度も鍵をなくしていません！　さあ、今すぐ文明の利器を手に入れてください。スマートな生活が、あなたを待っています。

紛失防止タグ

23

1日に1個自分の持ち物を手放す

ADHDを持つ人は片付けが苦手な人が多い、と言われています。例外なく、片付けが苦手な私ですが、こんなゲームがあることをお片付けのプロである知人から教えていただきました。それは、「ミンスゲーム」。アメリカのミニマリストが考案した「ミニマリズムゲーム」の略です。

ルールはとってもシンプルです。その日の日付の数だけ、ものを手放していくのです。例えば、7月1日であれば1個、7月15日であれば15個、というように。

そもそも、**部屋が片付かない最大の原因は、ものが多すぎるから。それならば、単純にものを減らしていけばいいのです。**

やるべきことを先延ばしにする私でも、ゲーム形式にしてしまえば楽しく取り組めるのではないか、と思い、早速やってみました。

しかし、当然ながらすぐに挫折しました。

4日目、その日は4つのものを捨てなければならないのにサボってしまったのです。翌日に持ち越してしまったので、5日目は前日の4つと合わせて、9つ捨てなければなりません。こうなったらもうおしまいです。さぼればさぼるほど、雪だるま式に捨てるものは増えていきます。私のミンスゲームは、静かに幕を閉じました。

そこで私が考え出したのが、**「1つ捨てゲーム」**です。

楽しそうなミンスゲームですら挫折してしまう方のために「1日にたった1つ必ずものを捨てる」というルールに変えてみました。

何でもいいから、自分の持ち物を毎日1つ手放す。たった1個なんて簡単だわ、と思いますよね。たった1つ簡単に捨てるだけでも、1カ月で30～31個捨てることになるのです！　十分じゃありませんか。

毎日1個捨てるというルールだから、たとえ何日か忘れてしまっても、加算されるのは1日1つずつなので取り返すことも簡単です。

とにかく私たちは、ハードルを高く設定しないことです。できることをコツコツと。ミンスゲームならぬ、「1つ捨てゲーム」で、いきましょう。

24

重要な指差し確認にはドラマを作ろう

あなたはこのようなことはありませんか？　家を出発したあと、鍵を閉めたのか不安になり、家に舞い戻る。火をきっちりと消したか、不安でたまらなくなる。これもASDの特性によるものと言われています。

また、ADHDを持つ人は注意力散漫なため、鍵を閉め忘れてしまうことも多いでしょう。ADHDとASDを併発している私は、鍵を閉めるのを忘れるわ、閉めたとしても本当に閉めたかどうか気になるわで、外出するとなると不安が付きまとっていました。

そんなとき、「指差し確認が有効だよ」とADHD仲間に教えていただきました。

指差し確認とは、鉄道の運転士さんなどが安全確認のために声を出して指を差して確認しているあれです。できるだけ大きな動きで、手をブンブン振りながら大袈裟に確認する、遂行しなければならない作業は、忘れないように声に出して呟く。実行できたら、大きく手を振りかざして、「よし！」と口にする。

これは大きな効果がありました。

しかし、日々大きな指差し確認を繰り返していると、だんだん大きな指差し確認に慣れてきます。人は刺激に慣れてしまう生き物なのです。

出かけたあとに、本当に自分は今日、指差し確認をしたのか？　まさか昨日の指差し確認の記憶が残っているだけじゃないのか？　とまたあらぬ不安が付きまとってきます。指差し確認にもいずれ慣れていき、当たり前になってくると記憶に残りづらくなるのです。

そんなときに私がおすすめしたいのが、**重要な指差し確認には、より大きなドラマを作る**、という方法です。指差し確認の前にクルッとコミカルに1周して指差し確認。ラップ調の口調で指差し確認。替え歌にして指差し確認。方法は無限にあります。

ポイントはいかにコミカルに楽しく演出するかです。私の場合は替え歌が一番有効でした。ふざけているように思われるかもしれませんが、大好きな歌に乗せて、替え歌にしてみてください。脳はしっかりとあなたの口から発せられた言葉を聞いています。

今日はちゃんと指差し確認したかな？　あっ、今日はミスチルの曲でちゃんとやったわ！これで記憶にしっかりと刻まれ、自信を持って出張でも何でもできるでしょう。

25

予備は余分なくらいで丁度いい

私が家の鍵を10個まとめて作っていたことは先述しましたが、私たち発達障害を持つ人たちにとって、予備はとても大切です。一般的な人が用意する予備と同程度では足りません。とにかく、予備はできるだけ用意しておくことをおすすめします。

例えば、買い物に出かけたとき。私の場合買い忘れなく帰宅できる確率は、50％です。2回に1回は何かしらの買い忘れをします。ですから、シャンプーやトイレットペーパーなどは、まだ残りがあったとしても、なるべくたくさんの予備を用意しておきます。「トイレットペーパーがなくなってきたから買おう」と思っていても、買い忘れない自信はありません。

仕事で使う名刺なども、**ストックがなくなるずいぶん前から、気づいたときにさらに補充しておきます。**なくなってから用意しようとしても、さらにそこからうっかり注文し忘れが何日も続き、名刺が手元に届くまでにずいぶん時間がかかってしまうからです。

ホッチキスの芯がなくなったから……電池がなくなったから……そうなる前に補充が鉄則です。

しかし、この作戦には1つ落とし穴があります。「ストックが多すぎる現象」が起きるのです。でも、必要なときに限って必要なものがなくなる私たちにとって、予備は余分なくらいで丁度いいのです。

また、私は財布、スマホケース、化粧ポーチなどあらゆるところにそっとお金を忍ばせています。これは、財布を忘れてしまったときのためなのですが、これまで何度もこの予備のお金に助けられました。

名刺も、名刺入れだけでなく、手帳の中や財布の中など、あらゆる場所に忍ばせています。

予備に助けられまくっている私が、声を大にしてお伝えします。予備は余分なくらいで丁度いい。多すぎるストックを見る度、「これでいいのだ!」と、にっこり勝者の笑みを浮かべましょう。

26 日本で一番意識の低い片付け方法

発達障害を持つ人の中には、片付けや整理整頓が極端に苦手な人がいます。子供の頃の私は、学校の引き出しはぐちゃぐちゃ、部屋もぐちゃぐちゃ。「片付けなさい！」という言葉を何度言われたことかわかりません。今でも整理整頓に関しての悩みはつきず、インスタグラムに出てくるスッキリと片付いたおしゃれな部屋に憧れ続けています。

でも、現実的に整理整頓は難しい。かといってゴミ屋敷に住みたいわけではないので、発達障害の私たちにもできる重要なポイントをいくつか紹介します。

●完璧を求めようとしない

完璧を求めてしまうと、少しでも乱れてきたら一気にやる気を失ってしまいます。23項でお伝えしたように「1つ捨てゲーム」を活用し、継続的にものを減らしながら、常に80％の状態を目指しましょう。

会社のデスクも同様です。

●自分一人で無理なときは人に頼る

ゴミなどが増えてきて自分一人ではもう無理だと判断したときは、人に頼りましょう。

私は焼き肉をおごるからとの名目で、何度も友人に助けてもらいながら部屋を片付けたことがあります。自分では、今目の前にあるものが必要なものなのか、必要でないものなのかの判断がつかないときでも、他人の目からはさっと判断してもらうことができます。

●床に落ちているものを拾う

当たり前だと思われますが、最も重要なことです。とりあえず、足の踏み場があればいいのです。床のものを拾い上げてください。そして、ひとまとめにしましょう。きっちりしなくても構いません。きっと、ゴミも落ちているはずです。捨てましょう。

ただ、たとえ床のものを拾うだけのことでさえも、できない日があります。そんな自分を責めてはいけません。責めれば責めるほど、どんどん落ち込みます。

整理収納アドバイザー二級の資格を取ったのに、整理整頓することができなかった私が見つけた、日本で一番意識の低い片付け方法をご紹介しました。

27 デスクトップぐちゃぐちゃ回避術

あなたのパソコンのデスクトップは、整理されていますか？　ちなみに私のデスクトップは、たくさんのファイルやアプリでとっ散らかっています。必要なときに必要なものが取り出せない、「汚部屋」ならぬ「汚デスクトップ」と言えるでしょう。

こうなると当然、作業能率が悪くなり、パフォーマンスレベルは低下していきます。

発達障害の人は、片付けが苦手な人が多いと言われています。だから「カテゴリー別にフォルダを作って管理していけば探すの楽じゃん！」なんて言われた日には、白目を剥いて倒れそうになります。それができるのであれば、私の家はいつでもきれいに整理されているはずです。できないから、我が家には「とりあえず一旦入れておく紙袋」を設け、なるべく床にものが散乱しないようにしているのです（19項参照）。

「あれ？」と思ったあなた。勘がいいですね。そう、私たちにとってこの問題は、リアルでもデジタルでも一緒なのです！

ということで私は、**デスクトップ上に「とりあえず一旦入れておくフォルダ」を作る**ことにしました。カテゴリー別に作らず、フォルダ名は「A、B、C、D」と適当に付けます。とにかく普段あまり使わないファイルやアプリは、そこにまとめることにしました。

大事なのは、**フォルダを最低でも4つは作る**ことです。すべてのファイルを1つのフォルダに入れてしまうと確かに画面はスッキリしますが、必要なときに必要なものが見つからず、やはり作業能率が落ちてしまいます。これでは本末転倒です。

ファイルやアプリを「適当に」振り分けた4つのフォルダの中はさながら闇鍋状態ですが、それでもとっ散らかったデスクトップから探すよりは確実に早くなります。

仮に全部で100個のファイルが画面上にあったとすれば、100分の1を探し出さなければなりません。しかし、4つのフォルダに分けておくと、1つのフォルダの中身は25個。視覚的な探しやすさが段違いです。さらに運よく最初に開いたフォルダの中に探していたものが入っていれば、25分の1を探す作業1回分だけで完了するわけです。

お探しのファイルやアプリも見つけやすくて作業能率もアップする、この「とりあえず一旦入れておくフォルダ」をぜひ試してみてください。

28 黒い服を増やす

突然ですが、あなたは何色の洋服が多いですか？　私は圧倒的に黒が多いのですが、これには大きな理由があります。それは、私はすぐに食べ物や飲み物をこぼしてしまったり、ものにつまずいて転倒したりして服を汚してしまうから。

外出時に白い服にケチャップなどが付いてしまうと、その日は落ち込んでしまいますが、黒い服を着ることでそうしたストレスから解放されます。

ADHD、ASDの特徴の1つとして、空間認知能力の低さがあげられます。

空間認知能力が低いと、身体の感覚や動作が鈍くなり、ものとの距離や幅、高さなどを捉えることが難しく、ぶつかったり、つまずいて転んだりすることが多くなります。

私は足の小指を椅子などにぶつけることが非常に多く、ぶつける度に悶絶し、「なんでやねんっ！」と、一人、部屋の中で大声で叫んでいます。

そんなわけで、**転んだり、つまずいたり、ものをこぼしたりが多すぎるので、汚れが目**

立たない黒い服を選んでいます。

知り合いのプロデューサーさんとお話ししていたときに、「俺は黒い服しか着ないようにしている」と言っていたのですが、その理由も私と同じでした。

黒い服を選ぶことの利点は他にもあります。

私のようなボーッとした顔立ちで少々頼りなく見える人間でも、黒い服を着ているだけで落ち着いたしっかりした人に見られるのです。男性ならキリッと、凛々しく見えます（あくまでも私の主観ですが）。また、少し痩せて見えるという素晴らしい利点もあります。

ＴＰＯもさほど選びません。

黒を選ばない手はありませんよね。白より黒！　おすすめします。

ちなみに私は靴下もすべて黒です。服に合う靴下を選ぶ時間も短縮され、一石二鳥です。日常生活では完全なカラス族として、汚れを気にせず、ノーストレスで生きています。

さあ！　あなたも今すぐカラス族の仲間になりましょう！

29 身に着けるものは機能性重視

発達障害の私はとにかくトラブルに見舞われやすいです。

雨が降るであろう天気の日に傘を忘れてびしょびしょになったり、足を踏み外して駅の階段から転げ落ちたり、ショルダーバッグなどの肩かけ紐がドアの取っ手にひっかかってびよーんと体を引き戻されたり。

そんな感じのトラブルだらけの日常なので、身に着けるものはファッション性よりも機能性を重視しています。

まずは靴。突然の雨に降られ、靴の中がびちゃびちゃになった経験はあなたもお持ちではないかと思います。体や頭はタオルで拭けばなんとかなりますが、靴がびちゃびちゃになると、一日中気持ちが萎えます。

そこで私は、**防水機能付きスニーカー**を導入することに決めました。通気性がよくておしゃれなデザインの防水スニーカーです。空が曇っている日やゲリラ豪雨が降りやすい時期はこのスニーカー一択です。スーツでお仕事される方は、防水機能付き革靴もさまざまなメーカーから販売されているので、ぜひチェックしてみてください。

続いてカバン。第1章で私のカバンを紹介しましたが、リュックにもなり、ショルダーにもなり、手提げカバンにもなるというものを使用しています。

出先で荷物が増えてしまったときにはリュックとして背負い、両手を空けることができます。急いでその場を去らなければならないときには、いちいちリュックを背負っているともたもたして時間がかかってしまうので、さっと手提げカバンとして持ち替えて、華麗に去ります。ＴＰＯに合わせて切り替えられるので、カバンの紐がドアの取っ手にひっかかり、びよーんとなる事件もずいぶん減少しています。

このように、**身の回りのものをすべて機能性重視で揃えておくことで、緊急時にも対応することができるのです。**備えあれば憂いなし。転ばぬ先の杖。降らぬ前の傘。私たちが肝に銘じておくべき言葉です。

30 プロの力を借りよう

今、私の家は壊滅的な状態です。散らかりまくっていて、見るも無惨な状態になっています。この本の締め切りが近づいてきており、家の片付けに手が回らないからです。恐らく今の私の家の状態を見たら、ほとんどの人が泥棒か何かが入ったあとなのではないか、と思うことでしょう。非常に厳しい状態の中、この本を書いております。

とりあえず散らかった部屋のことは一旦無視し、目の前の原稿にのみ集中しています。書き終わったら、この部屋をなんとかしようと思っています。きれいな部屋の中で書くことができればそれにこしたことはありませんが、それができないのが私の性質なのです。発達障害らしいリアリティがあって、むしろいい原稿が書けるかもしれません。

あれもこれも完璧にすることはできません。1つのことをはじめると他のことまで手は回りません。優先順位をはっきりさせ、目の前にある課題を確実に1つ1つ終わらせていく。それでいいのです。あれやこれや手を付けると、何ひとつうまくいかなくなります。

そんなこんなでこの部屋は壊滅的に散らかってしまったので、もはや私一人の手では片付けることができなさそうです。このようなときは、私はお掃除の業者さんに、家の中を一掃してもらうことにしています。苦手なことは、プロの手に任せることが一番です。

お掃除をプロに任せることに抵抗がある方もいるかと思います。それくらい自分でやれよ、と周りの人から思われるのではないかと。

でも、そんなことを気にする必要はありません。あなたは、髪の毛を自分で切りますか？　切ろうと思えば切ることはできるでしょう。しかし、ほとんどの人がプロに任せますよね。

お料理が苦手な人が、料理を必ずしも克服しなければならないことはありません。外食したっていい。お弁当を買ってきてもいいんです。できないことは、プロの力を借りていいのです。

何にお金を使うかは、自分が決めることです。多くの人が普通にできることができない自分を責めないでください。ときには開き直りも必要です。

どんな人にも、得意なこと、苦手なことはあるのです。

31 5分でいいからやる

いきなりですが、今私の家の台所のシンクには、洗い物が山積みになっています。由々しき事態です。早く取りかからなければ……。

見て見ぬふりをしてしまう。あなたもそんな経験はありませんか？　ＡＤＨＤ特有のこの先延ばし癖。かつての私は、先延ばしの天才でした。実はシンクに虫がわいたことさえあるのです……今はそういうことはありません。とっておきの方法を見つけたからです。

それは**「作業興奮」を活用する**こと。作業興奮とは、ドイツの心理学者エミール・クレペリンが提唱したもので、「やる気がない状態でも、一旦行動をはじめると、やる気が出て、簡単に継続できるようになる心理現象のこと」です。

実際にはどうするかというと、とにかく5分だけやってみるのです。全部片付けようと思わなくてもいいので、タイマーを5分間設定し、とりあえずやってみる。

すると、あら不思議！　タイマーが鳴る頃には、その作業に没頭しはじめ、作業をもっと続けたくなり、気がつけば1時間も経っている、という現象が起きるのです。

実際、私も重い腰を上げ、ようやく洗い物をはじめると、だんだん楽しくなってきて徹底的に台所を掃除したくなり、ピカピカに磨いて、さらには冷蔵庫の中まで掃除してしまうということがよくあります。


これは、掃除だけでなく、仕事や勉強、運動などにも活用することができます。

締め切りが迫っている仕事を先延ばししていませんか？　とりあえず、全部やらなくてもいいからタイマーをかけて、5分間やってみてください。5分経つ頃には、作業が捗ってきていることを実感できると思います。

発達障害ではないビジネスパーソンも、この作業興奮を活用してお仕事をされている方が多いそうです。ということは、**「過集中」という特性のある私たちは、この作業興奮を活用することにより、他の人よりものすごい力を発揮することができる**と思いませんか？　活用しない手はないですよね。

さて、作業興奮についてひとしきり語ったところで、私も今すぐタイマーをかけ、シンクの洗い物に着手したいと思います。

32 やってみて無理ならやめる

人は誰しもやる気がわかないときがあります。

とりあえず5分だけやってみたら作業興奮により、やる気がわくことを前項でお伝えしましたが、それでもやはり、やる気がわかないことがあります。

とりあえず5分やってみて、全然エンジンがかからない場合、それは今やるべきではないことです。 嫌々やってもいい成果は出ません。一旦やめてしまいましょう。

私もこうして本を書いていますが、書きはじめて気分が乗らないときは、散歩したりコーヒーを飲んだりして、一旦気持ちをリセットします。

ただし一旦リフレッシュしたり、日にちを変えて再チャレンジしたりしても、一向にやる気が出ないこともあるでしょう。それは、あなたには向いていないことなのかもしれません。思いきって手放してしまう勇気を持ちましょう。

私はナレーションの講師の仕事もしています。プロのナレーターになりたいという人に教えているのですが、ときどきまったく練習しないでレッスンにやってくる人がいるのです。そういう人は、ただちに別の道を探したほうがいい、と私は思っています。本当にやりたいことなら、必ず練習するはずです。

人間ですから、気分の乗らないときはあるでしょう。でも、まったく練習しない、いつまで経っても気分が乗らないのなら、完全に向いていない、ということです。**一向にやる気が起きないことは、自分には向いていないものとして思いきって手放してしまいましょう。**やめる勇気も、ときには大切です。

自分が選んだ道だったとしても、軌道修正が必要になることがあります。無理矢理しがみつく必要はありません。一度きりの自分の人生です。あなたの人生はあなたが主役です。誰に何と言われようと構いません。

思いきって「やめる」という選択をすることもまた、あなたの毎日を改善させることに繋がります。

第3章

得意を活かし、不得意を補う仕事術

33

普通の人の普通を目指さない

発達障害は目に見えない障害と言われるだけあって、周りから理解されにくい障害です。25項で述べた「予備は余分なくらいで丁度いい」という話もそうですが、普通の人からすると、なんでそんな無駄なことをするのだろう、と思うことが多々あります。

でも、当たり前のことがうまく程度よくこなせないのが、私たちなのです。

例えば私の場合、洗濯が苦手で、仕分けすることも干すこともできません。だから下着や洋服を、洗濯機の中から直接取り出して着用できるように、乾燥機能付きのドラム式洗濯機を導入しました。さらに洋服は常にシワにならない素材のものを選ぶなど、工夫しています。

また、私はマルチタスク（いわゆるシングルタスクの切り替え）がうまくできませんし、コミュニケーションにおいても苦労します。

そんな中で、なんとか普通の人に見えるように、普通を装えるようにたくさんの工夫をしてきました。この、普通を装うことを、発達障害の人たちの間では「擬態化」という言葉で表します。普通の人に見えるように、普通の人の真似をして振る舞うこの擬態化は、社会で生きていく上で必要な技です。

大いに真似していいし、擬態していい。しかし、絶対に忘れてはいけないことがあります。それは、「普通の人の普通を目指さなくていい」ということです。本来の自分自身を偽って、普通の人のふりをし続けると、いつか心が壊れます。ですから、**人には見えないところで、どんどん普通を手放していきましょう。**自分の苦手なものは手放していいのです。

普通ではない私たちは、私たちにしかない宝物を持っています。ＡＤＨＤならではの「思考があちこちにいくがゆえに生まれる発想力やアイデアカ」、ＡＳＤならではの「１つの物事に集中しすぎる過集中のお陰で生まれる創造物」など、それはときに大いに社会の役に立ち、素晴らしい力となります。そんな力を思う存分発揮するために、苦手を手放すあらゆる工夫をしていくのです。

普通の人の普通を目指すのではなく、あなたの中にある唯一無二の花を咲かせましょう。はみだしたっていいのです。凸凹があるからこそ、個性的な花を咲かせることができます。

34 むしろ髭ぼうぼうのほうがいい職種もある

クリエイティブの世界には、髭《ひげ》ぼうぼうの方が活躍されているケースが多々あります。知り合いのディレクターさんいわく、髭ぼうぼうでも、「ああ、○○さん、とっても忙しくて売れっ子さんだもんね」という判断をされるらしく、むしろキチッと整えて現場に現れるより、いい印象を与えることもあるそうです。普通ではなかなか考えられませんよね。

しかし、この「常識に縛られない世界」は確かにあります。

私たち発達障害を持つ人が仕事をするとき。その特性を活かした仕事を選ぶことが大切です。

発達障害の中でもADHDの方は、個人の技術力やスキルが試される仕事が向いていると言われています。例えば、芸術やクリエイティブ系の仕事です。私の周りには、発達障害を持ちながら活躍しているDJやミュージシャン、映像制作の監督さんやテレビ局のプロデューサーさんなどがいて、個性的なアイデアを活かして活躍されています。

ASDの方は、ルールやマニュアルがしっかりしている職種が向いていると言われています。経理などの仕事や情報管理、コールセンター、プログラマー、伝統工業など職人的な仕事も向いています。放射線技師などの資格が必要な仕事なども相性がいいです。


世の中には本当にさまざまな仕事があります。私たち発達障害のある人は、世間の常識に縛られず、自分の好きなことをとことん追求するとうまくいきます。

私は声優の仕事を選んだとき、フリーランスということもあって、たくさんの人から心配されました。そして周りから落胆の声が上がり、人生の落伍者のような目で見られたことを今でも忘れられません。

しかし、そんな一般常識に縛られた世間の声をいい意味で裏切り、好きなことならとことん集中できるという特性を活かして、22年間、一度も仕事に穴を空けることなく、ナレーターを務めることができています。

「髭ぼうぼう」という言葉と共に、常識に縛られない選択もあるのだということを知ってもらえると嬉しいです。私たちの可能性は無限大です。

35 やり込み要素の多い仕事を見つけよう

発達障害の私たちは、自分に合う仕事を見つけることが大切です。合わない仕事に就いてしまうと、できない自分を責め、周りからも責められ、結局仕事を続けられません。

私は学生時代に数々のアルバイトをクビになりましたが、最も相性が悪かったのは、飲食店です。飲食店は、マルチタスクの真骨頂です。

あちこちから、「すみませーん!」と呼ばれると、情報処理が苦手な私は対応できなくなります。何から手を付けたらいいのかわからなくなってパニックになり、トイレにこもってしまったこともありました。結局、数々のミスを繰り返し、店長から「お前は社会不適合者だ!」と怒鳴られ、とぼとぼとお店を去ることになりました。

そんな私ですが、ナレーターの仕事に就いて人生が変わりました。たった一人でマイクに向き合う仕事は、非常に相性がよかったのです。

ナレーターという仕事にはゴールがありません。監督からOKをもらえても、実際のところ「これで完璧！」ということがないのです。

ナレーターだけでなく、俳優さんや職人さん、作家さんなど、内なるものを表現する仕事全般に言えることですが、どこまで突き詰めても終わりはありません。私はこのような仕事全般を、「やり込み要素の多い仕事」というジャンルで捉えています。

発達障害を持つ私たちは、自分が本当に好きだと感じるものに出会うと、周りの人が驚きを隠せないほどに、とことん追求していきます。私にとってのナレーションがまさにそれでした。

どこまでいっても終わりのない世界。それはとても魅力的です。映像クリエイター、ゲームプログラマー、ITエンジニア、イラストレーター、建築家、研究者……、やり込み要素の多い仕事はナレーター以外にもたくさんあります。

また、**専門職でなくとも、例えば、歩合制の営業職や、会社を起業するなど、自分の力で切り開いていけるものなら、私たちは俄然やる気がわいてくるはずです。**

仕事を選ぶ際の基準として、「やり込み要素の多い仕事」かどうか、一度想像してみてください。ワクワクしてきたら、相性がいい証拠です。

36 こだわりの強いＡＳＤは仕事に活かせる

発達障害で、仕事の環境になじめず苦労している方は多いと思います。でも、私たちの強みを活かせる場所が必ずあります。

ＡＳＤを持つ人は言葉のニュアンスを理解するのが難しく、場の状況に適した行動をとったり、臨機応変に対応したりすることが苦手です。その一方で、自分の興味のある分野への関心が人並外れて強かったり、ＡＤＨＤを持つ人と同様に高い集中力があったり、ほとんどの人が気づかないような細かいことに気づくことができたりします。

1つの主題に非常に長い時間、深く集中することのできるＡＳＤ気質を持ち、それを活かして活躍した偉人はたくさんいます。

ミケランジェロ・ブオナローティ。イタリア盛期ルネサンスの彫刻家であり、画家であり、建築家です。彼は芸術にしか興味を示さず、作業に没頭すると少量のパンとワインしか口にせず、その集中ぶりには周囲の人たちも驚きを隠せなかったと言います。

アルバート・アインシュタイン。ドイツ生まれの理論物理学者であり、言わずと知れた「相対性理論」を見つけたその人です。好奇心が旺盛すぎて、小学校でも「なんで？　なんで？」と変な質問を繰り返し、3カ月で小学校をやめさせられてしまったそうです。

その他にも発明王として有名なトーマス・エジソン、万有引力の法則を発見したアイザック・ニュートン、「ひまわり」の絵で有名なヴィンセント・ヴァン・ゴッホなど、ASD気質を持つ偉人は数え上げればきりがありません。

LINEヤフー株式会社は、2017年からモバイルアプリのテスト業務を担当する「テストエンジニア」に、発達障害のあるスタッフを採用しています。**発達障害ならではの高い集中力や細かいところにも気づくといった特性は大いに役立ち、成果をあげることができている**そうです。細かいところにも気づくことができるのは、テスターとしての大きな強みなのだとか。

このように発達障害の人の持つ特性に着目し、人材を求めている会社は他にもいくつもあります。私たちは、置かれた場所で咲こうとがんばる必要はありません。自分の能力を活かせる場所で咲きましょう。

37

発達障害のマニアックさが実は仕事の役に立つ

好きなことならとことん没頭する。発達障害の1つの特性です。私も何かを好きになると徹底的に追いかける癖があります。

私は若い頃、サッカーが大好きでした。関西のJリーグチームの試合は時間が許す限り見に行き、休みの日には練習場にまでかけつけていました。

サッカーに関する仕事がしたいと毎日願い、周りにも言いふらしていた結果、ある日、大好きなチームの選手とのトークショーの仕事が舞い込んできました。しかし、私は臨機応変に対応することが非常に苦手でした。一人粛々とマイク前で読むナレーションとは違い、司会やトークなどの仕事は不得手です。

当日、私の司会はグダグダ。トークも決してうまくいったとは言えませんでしたが、イベントは盛り上がり成功しました。

成功したのは、ゲストの選手のお陰です。不器用な私を見て、選手がその場を仕切ってくれたのです。プロの司会としては失敗ですが、仕事としては成功した。それは、サッカーやチームに対する私の熱い気持ちが、彼にしっかりと伝わっていたからです。だからこそ、手助けしてくれたのです。私のマニアックさが仕事の役に立った瞬間です。

あなたも何か好きなものはありますか？　あるのなら、とことんのめり込んで没頭してください。

発達障害の支援施設の人から聞いた、こんなお話があります。

ゲームが大好きな発達障害の方から、「親にゲームすることを禁止されていて辛い」と相談を受けたので、思う存分ゲームを楽しむように伝えました。すると、ゲームを通してパソコンも使いこなせるようになり、最終的にプログラミングの仕事ができるまでになったそうです。

「好きこそものの上手なれ」とは言いますが、**発達障害の人たちが「好き」を追いかけるとき、他の人の何倍ものエネルギーが注ぎこまれます。**マニアックなあなたの知識は、ときに誰かの役に立ちます。人の心を動かすこともあるでしょう。好きなものがあったら、誰に遠慮することもありません。マニアックに追いかけてください。

38 多数派にはない発達障害の能力

発達障害はネガティブな人が多い、とよく言われますが、「ネガティブ」であることは、自分を危険から守る上で本来とても大切なことです。

危険を察知するべく研ぎ澄まされたネガティブな感覚は、動物が本来持つべき本能です。野生動物たちがサバンナでポジティブに楽観的に暮らしていたら、一発で敵にやられてしまいますよね。動物は言葉ではなく気配で相手を察知しますが、発達障害でネガティブ思考の私も、**動物的本能で言葉より気配で相手を判断している**と言えます。

この能力で私は、困っている人、悩んでいる人をすぐに見つけることができます。それを活かし続けているのが講師の仕事です。これまで15年続けていますが、生徒の敏感な心の動きに寄り添うことで、生徒の能力を自然と引き出すことに成功してきました。

また、発達障害の人は、自分の意思を曲げないところがあります。

発達障害の人は空気が読めない、とよく言われますが、それはマイナス面だけではありません。ほとんどの人は「大多数」の意見に流されてしまいがちですが、発達障害を持つ私たちは、人に流されることはありません。

自分が気づいたことや感じたことは、きちんと相手に伝えないと気がすまない。そんなことはありませんか？　いい意味で空気を読むことなく、自分の感じたことを素直に発言することは、実はとても大切なことです。

大多数が言いたくても言えないことをあなたが口にすることで、会社や組織にとって本当に必要な意見や気づきを与えるきっかけにもなりうるのです。

空気が読めなくたっていいのです。むしろ、読まないほうがいい場面はたくさんあるでしょう。大勢に流されずイノベーションを起こしてきた歴史上の人物にも、発達障害の人が多かったと言われています。

一見短所に思われる発達障害の特性は、実はものすごい長所でもあるのです。多数派ではない自分に胸を張ってくださいね。

39 タイマー術で過集中を逆に活かそう

発達障害を持つ私たちは、注意力散漫であちこちに思考が飛び散るという特性がある一方、何かに没頭すると周りの声がまったく聞こえなくなるほど集中してしまう「過集中」という特性を持ち合わせていることが多いです。

そして**過集中は、今それをする必要のないことにも、自分の意思とは関係なく発動してしまいます。**

ついこの間、私は「ハダカデバネズミ」というネズミがこの世に存在していることをはじめて知りました。ハダカデバネズミは、哺乳類で唯一コロニーを作って、蜂や蟻と同じようなシステムの階級制度で暮らしているらしいのです。

それを聞いてから、ハダカデバネズミのことが気になって気になって仕方なくなり、気づけば5時間も調べていました。ふと我に返ったら、もう夜中の3時。翌日は5時起きだというのに、ひたすら調べ続けていたのです。

しかし、この困った特性である過集中は、人生においての重要な場面で、何度も私を助けてくれました。テスト勉強は過集中で乗りきってきましたし、受験時には毎日12時間も勉強し、偏差値を1年で40から70まで上げることに成功しました。

この一長一短である「過集中」を自分でコントロールして、必要なときに発動させることはできないかと常々思っていましたが、ついに私はその方法を見つけたのです！

例えば、今から資料作成をするとしましょう。そうしたら、大体これくらいはかかるだろうなと思われる時間よりも、少し短い時間でタイマーをセットします。

そして、「よーいスタート！」。こうしてはじめた資料作成は、タイマーをかけずに普通にやるより、はるかに早く終わります。

タイマーをかけている以上、時間内に終わらせたいというゲーム性を帯びてきます。結果、資料作成をしている間、他のことを考える余地がなくなります。誰が話しかけても答えないくらいの過集中状態に自らを追い込むことができるのです。

さあ！　今すぐあなたもタイマーを用意してください。ゲーム感覚で目の前の仕事をマッハのスピードで片付けていきましょう。

40 潔くファンタジスタであれ！

発達障害を持つ人は集団行動が苦手だと言われています。その理由としては、遅刻やミスが多くて周りの人と足並みを揃えられないこと、行動が独特であること、マルチタスクが苦手であること、人との距離の取り方がわからないこと、などがあげられます。ゆえに、**チームワークを求められる仕事には向いていない**と言えるでしょう。

私自身も、人と何かを一緒にする、ということがとても苦手です。

以前、ナレーター仲間と朗読イベントを開催したのですが、その際も連絡ミスがあったり、パソコンがうまく使えなかったり、忘れ物が多かったりで、イベントの準備段階で完全にポンコツ認定されてしまいました。先輩から「役立たず」と言われたときには、あまりにもショックで、私の中のやる気の風船がしおしおにしぼんでいきました。

しかし、イベントは絶対に成功させなければならない。できないからといって自分が何もやらないわけにはいかない。自分ができることで、何か1つだけでも飛び抜けてやろう。そう考えた私は、誰よりも集客をがんばることにしました。他のことは、皆さんに任せて集客に一点集中です。

そう決めた瞬間から、私はチームプレーを意識することをやめ、お誘いメールという名のシュートを一人で何発も蹴りまくり、いくつものゴールを決めました。結果、たくさんの方がイベントに足を運んでくださり、イベントは大成功。ポンコツ認定をいただいた先輩からも、「たくさん呼んでくれてありがとう」と感謝の言葉をいただくことができました。

チームで何かに取り組む際には、自分にできることをいち早く見つけ、その点においては誰にも負けないくらいがんばることが大切です。そうすることではじめて、そのチームでの存在価値が認められます。

みんなで足並みを揃えることが苦手でも、ファンタジスタのごとくファインプレーを叩き出すことができれば、チーム内で認めてもらえます。

本項は、元イタリア代表のファンタジスタ、ロベルト・バッジオ選手のこの名言で締めくくりたいと思います。「誰だってファンタジスタになる資質を持っているんだ」。

41

休養というスケジュールを手帳に入れる

私は、ＡＤＨＤの多動傾向が強いので、ついつい予定を詰め込んでしまいがちです。

かつての私は、仕事のない日に習い事をしたり、人と会う約束をしたり、飲み会を入れたりと、暇を恐れるがごとくガンガンにスケジュールを入れまくる人間でした。何かをしていないと落ち着かないのです。

しかし、その結果、月に一度ほど、まったく布団から出ることができない日が訪れていました。電池が切れたようにまったく動けなくなってしまうのです。

立ち上がることができず、一日中布団の中で過ごしていると、自分が最低の人間かのように思えてきます。それをきっかけに、しばらく鬱々とした気分を引きずってしまいます。

これをなんとかできないものかと悩んだ私がたどり着いた方法、それは「休養」というスケジュールを、堂々と手帳に入れることです。

月に一度魂が抜けてしまうのなら、魂が抜けてもいい、何にもしなくていい日を前もって1日確保しておけばいいのです。

どんなに楽しくても、人に会うだけで私たちは他の人の何倍も神経を使っています。だから、常にスイッチが入っている状態を断ち切りましょう。電源を自ら引っこ抜く日を作るのです。

突然電源が切れるのは、あなたのキャパシティを超えて動き回っているからです。スマホやパソコンで言うと、さまざまな作業や処理を一度に行いすぎて負荷がかかっている状態。そんな状態のまま使い続ければ、突然動かなくなり強制的に電源が落ちます。どうか**前もって、電源オフにできる日を捻出してください。**

私は主治医の先生から、「お願いだからがんばりすぎないでくれ。がんばって、楽しくて、イケイケなときこそ気をつけてほしい。がんばりすぎたら絶対に落ちてしまうから」と口酸っぱく言われています。

勇気を持って、「休養」と手帳に書き込みましょう。誰に何を言われても構いません。

私たちに必要なのは、完全な休養なのです。

最低でも月に一度。しっかり休みましょうね。

42 ニュアンスを理解する方法1

発達障害の私たちが、「空気が読めない」と言われてしまうのは、言葉の細かいニュアンスが理解できなかったり、曖昧な表現を理解することが苦手だったりするためです。特にASDを持つ人は、**音声や言葉からの情報を汲み取るのが苦手**だと言われています。

あなたは、電話で話すことが苦手ではありませんか？

私は非常に苦手です。相手の顔が見えない電話は、情報源が相手の音声のみだからです。表情などの視覚的情報がないと、不安で仕方がないのです。

誰からの電話であっても突然着信を受けた場合、その場ですぐに電話を取る勇気がなく、気持ちを落ち着けてからかけ直すことがほとんどです。

また、人から何か仕事を頼まれたときに「いい感じでそれを仕上げておいて」というような曖昧な指示を受けたときは一番困ります。何をどのようにいい感じに仕上げればいいのか、まったく理解することができません。

臨機応変になどという言葉をかけられでもしたら、もはや、それは拷問でしかありません。

このような傾向がありますので、私にはニュアンスを理解することを求められる仕事は不向きだと言えます。


ですが、仕事をする以上、人との関わりを避けることはできません。「ニュアンス理解」という恐ろしい魔物を避けて通ることはできないのです。

ですので、私は**理解ができないことがあれば、その都度「すみません、いい感じというのはどのような感じでしょうか」と、細かく確認する**ようにしています。

適当にわかったふりをして、あとから「こういうことじゃないんだよ！」と叱られ、やり直すことになるよりは、少し嫌な顔をされたとしても双方にとって無駄が生じないのでいいはずです。事務作業においてもこのような確認作業は必須です。

相手の言っていることがわからない場合は、具体的に説明してもらうようにしましょう。

43 ニュアンスを理解する方法2

発達障害を持つ人は、本当に「ニュアンスを理解する」ことが苦手なのでしょうか。

改めて「ニュアンス」の意味を辞書で調べてみると、次のように書かれていました。

「語句や文章の言外に表された意味や話し手の意図」

「絵画や音楽などにおいて、微妙な色彩の変化や、微妙な音色の差異」

1つ目のニュアンスは、これまでお伝えしましたように、私が非常に苦手な項目です。

しかし2つ目は、ここまで本書を読み進めてくださったあなたなら、お気づきいただけるかと思います。実は、発達障害を持つ人が得意な分野だと思いませんか。

細部にこだわる特質、音楽や絵画など芸術的なものに対するこだわりや、感度の高さは、発達障害を持つ人の特徴です。

私はナレーションの仕事をしていますが、ナレーションも細かいニュアンスが必要とされる繊細な仕事です。そのニュアンスは監督からの指示によって伝えられます。しかし、正直、監督が伝えたいことの意味がわからないことも多々あります。

そんなとき、私は監督から発せられる言語を理解しようとすることを放棄します。言語にこだわればこだわるほど、相手の伝えたいニュアンスがわからなくなるからです。

その代わり、**相手の声色や気配を感じることに、すべての神経を集中させます。**そして、全力で自分の思うナレーションを表現します。細かいニュアンスを理解するには、動物的な感覚で挑む。私がナレーターという仕事に就いて身に付けた技です。

辞書に書かれている1つ目の意味でのニュアンスは、私たちには難しいかもしれません。

しかし、芸術的感性のニュアンスは、細かい部分に繊細にこだわる私たちに、むしろ向いていると言えるのです。

相手の言っていることがわからない場合は、具体的に説明してもらうようにしましょう。それが許されない場面では、私たちは言語に耳を傾けることをやめ、気配を感じ取って闘いましょう。難しいことではありません。

相手の気配を感じ取ることは、警戒心が人一倍強い私たちだからこそ持ち合わせている、野性的な能力です。あなたの能力が活かされる瞬間が必ずあります。

44 マニュアルがないなら自分で作ろう

「要領悪いなぁ！」「それくらい言わなくてもわかるだろ！」「気が利かないなぁ」「君は言われたことしかやらないね」。これらは私が学生時代、幾度となく言われてきた言葉です。発達障害を持つ人は、「このときはこうする」と、しっかりマニュアル化されていればその通りに動くことができるのですが、曖昧な指示は苦手です。

しかし、世の中にはマニュアル化されていない仕事もたくさんありますし、人とのコミュニケーションにマニュアルなどありません。

学生時代にあらゆるアルバイトをクビになった私がたどり着いたのは、ナレーションの仕事でした。ナレーション技術についてはしっかり学び、現場に出る準備は整いましたが、現場での立ち居振る舞いについてのマニュアルなどありません。

でも、絶対にもう仕事を失いたくない私は、わからないことがある度、どんなに些細なことでも、社長やスタッフに聞くことにしました。そして、その都度メモを取ってきました。

さまざまな先輩の仕事に同行して、名刺をお渡しするタイミングや、取引先への接し方、自分の座るべき場所など、現場での振る舞い方についても、メモを取りました。

取引先との会話の中で、「ナレーターさんに現場でこういうことをされて困った」という話を聞いたら、自分が絶対に同じことをしないようにメモる。

自分自身、今日のこの言動はよくなかったなと感じたことがあればメモる。

とにかく聞いたこと、学んだこと、やってよかったこと、よくなかったことを書きまくりました。 そうしているうちに、現場での立ち居振る舞いに関しての、私なりのマニュアルが完成したのです。


誰かに与えられたマニュアルは、使いにくいものです。しかし、**自分の目で見て、耳で聞いて、心で感じたことをメモして自分で作り上げたマニュアルは、とても使い勝手がよく、今では現場での自分の行動に自信が持てるようになりました。** このマニュアルは、今でも日々改善を繰り返しています。

マニュアルがないなら、自分で作りましょう。自分の手で作り上げたマニュアルは、あなたをしっかりと力強く支える心の杖となってくれます。

45

素直であり続ける

私があらゆるアルバイトをクビになってしまったことは、すでにお伝えしました。そんな私ですが、たった一度、高く評価されたことがありました。

それは、スーパーでの試食販売の仕事です。私の担当は、イチゴでした。

実はそのスーパー、店長がかなり厳しい人らしいのです。登録していた派遣元から、それまで派遣した人のクレームを受けることが非常に多いという、胃の痛くなるような情報を聞かされました。だから私は、重い足を引きずりながら現場へと向かったのです。

要領よく販売することは、発達障害の私には無理。とにかく大きな声で、お客さんを呼び寄せることしかできません。そこで私は、「いらっしゃいませー！　イチゴはいかがですかー！」と叫びました。できることで貢献する。まずは、それしかないのです。

私の呼び掛けにより、わらわらとお客さんが集まってきました。

しかしそこからは何の戦略もなければ、武器もありません。発達障害の私は、とっさに空気を読んだり、計算して話をしたりすることが苦手です。

あるお客様に、「お姉ちゃん、このイチゴ、ほんまに全部美味しいんか？」と聞かれた私は、気がつけばこう答えていました。

「私も食べてみたのですが、めちゃくちゃ甘いイチゴなので美味しいんですけど、正直に言うと、たまに酸っぱいのも混ざっています。『運』的な要素がある気がします」

（はっ！　やばい！　今、マイナスなことを言ってしまった！）

焦る私を前に、お客さんたちが笑いだしました。

「めっちゃ正直だね！　お姉ちゃんの言葉を信じて、めっちゃ甘いのもあるんやったら、買うわ！」と、イチゴの箱を手に取ってくださったのです。それにつられて周りにいた人たちも「おもしろい」と言いながら、イチゴを手に取ってくださいました。

勤務時間終了後、店長が私を拍手で迎えてくれました。私の接客が素直で胸打たれたと、ある方が店長に伝えにきて、何万円も大量に箱買いしていってくれたそうです。

このとき私は、**一見マイナスに思える発言でも、素直で正直であることが、人の心を打つことがある**ということを知りました。目の前の人の幸せを一番に考え、素直でありましょう。**素直であることは、ときに人の心を動かす**のです。

46

細部にこそ気持ちを込めよう

私には、自分がイベントを主催するときに心がけていることがあります。それは、細部まで心を尽くす、ということです。「別にやらなくてもイベントは成り立つけれど、これをしたらみんなに喜んでもらえるのでは」ということを大切にしています。

昨年の出版記念講演では、１００名のお客様一人ひとりに、お手紙を書きました。もちろん、すべて違う内容の手書きのお手紙です。準備しなければいけないことは他にもたくさんあり、「手紙はなくてもいいんじゃない？」とも言われましたが、私はどうしても一人ひとりに感謝の気持ちを伝えたかったのです。

お越しくださった皆さんが、「手書きのお手紙に心がこもっていてとても嬉しかったです」と口々に言ってくださったので、私は書いてよかった！　と心から思ったのでした。

また、一人ひとりのテーブルに名前札を用意しましたが、お子さんの席には、ひらがなの名前札を用意しました。

私は、**「神は細部に宿る」**という言葉が好きで、いつも大切にしています。

これは、近代建築の巨匠、ミース・ファン・デル・ローエの名言です。

「素晴らしい芸術作品やいい仕事は、細かいところをきちんと仕上げており、こだわったディテールこそが作品の本質を決定する。何事も細部まで心を込めて行わなければならない」ということを伝えているのですが、これは建築だけでなく、どの仕事にも言えることだと思います。

大きな部分、目に見える部分に力を注ぐのは当たり前のこと。ひょっとしたら気づかれないかもしれない細部にまで大切に心を込めるからこそ、感動を生む仕事ができるのです。

もういいかな、これくらいでいいかな、と思ってしまいそうになったとき、最後の最後、手を抜きそうになったとき、思い出してください。神は細部に宿ります。細部にこそ、気持ちを込めましょう。

細部までこだわるのは、私たち発達障害を持つ人たちの得意技ではありませんか。

あなたの想いは、必ず伝わります。最後まで手を抜かず心を込めたひと手間が、相手の心に感動を与えます。

47

衝動性を活かした体当たりは奇跡を起こす

発達障害の人が持っている特性の1つ、衝動性。衝動性が高い人は、興味のあることや、やりたいことを見つけると、猪突猛進に突き進みます。

私はものすごく衝動性が高く、感情をコントロールすることが苦手なことを自負していますが、この厄介な衝動性のお陰で、いくつも奇跡を起こしてきました。

はじめの奇跡は、有名大御所ナレーターに弟子入りしたことです。

２００８年、私はナレーターの槇大輔さんの語りの公演を観に行きました。その語りの素晴らしさに心から感動した私は、ただ感動しただけでは収まらず、私も槇さんのような語りができるようになりたいという想いが沸き上がってきました。

そして、その想いを抑えることができず、私は槇さんに長い長いお手紙を書いたのです。日本でも指折りの大御所ナレーターに、体当たりでぶつかっていきました。

私の熱意は伝わりました。槇さんの主宰する団体に所属させていただくことができ、直接稽古をつけてもらえることになりました。幼い頃からテレビでお声を聞いていた槇さんから指導していただいた5年間は、私にとって奇跡の時間でした。

「手紙を書く」と周りの人に伝えたときは驚かれました。「そんなことをして大丈夫か？」「もし受け入れてもらえたとしても、大阪から東京まで通えるのか？」と。

抑えきれない衝動に駆られている私には、そんな言葉はまったく響かず、猪突猛進に突き進んだのでした。大阪から東京まで毎週夜行バスで通い、槇さんに稽古をつけてもらったことで、私のナレーターとしての力は格段に向上しました。

今の私があるのは、あのとき手紙を書いた衝動性のお陰です。

周りの人からは、「えっ！」と思われるような行動を、衝動的にしてしまう私ですが、興味の向くことには、誰にも遠慮せず突き進んでいけるので、結構気に入っています。

普通のことが普通にできないけれど、ほとんどの人がしないことをやってのけるのが、発達障害を持つ私たちです。すべての物事には、必ずいい面と悪い面があります。せっかくなら、この衝動性のいい面を活かして、好きな人や好きなことに体当たりでぶつかっていきましょう。

第4章

失礼にならずにすむ「守り」のコミュニケーション術

48

仕事において、「信じる」ということ

発達障害を持つ人は、人の言葉をそのまま素直に信じる傾向が強いと言われています。人との距離感も間違えやすいため、一気に距離を縮め、まだあまり知らない相手に心を全開にしてしまって、利用され、後悔するなんてことも。

信じたのに裏切られた。よくある話ですが、私は裏切った相手よりも、相手の表面だけを見て、信じた自分のほうが無責任なのでは、と考えるようにしています。

人はいろいろな顔を持っています。時と場合によって、また時間の経過によって、変化します。私自身だって同じです。それなのに、相手の一部分だけを見て、「信じる」と勝手に決める。それでいて、自分の思っていたのと違う部分を見たときに裏切られたと感じるのは、ものすごく自分勝手なことだと気づいたのです。

「信用」と「信頼」。似ている言葉ですが、少し違います。

「信用」とは、これまでの実績や成果に対して、客観的な判断基準で評価した条件付きのものです。「信頼」とは、「信じて頼る」と書くように、自分の感情や主観が含まれ、その人の人柄や言動を見て決める無条件のものです。

これまで私が、「信じる」という言葉を使ってきたのは、「信頼」の意味のほうでした。プライベートでは、大切な人を信頼していきたい。一度「信頼」すると決めたなら、どこまでもそれを突き通す人間でいたいと思います。

でも**仕事のときは、よほど付き合いのある方を除き、「信用」を選ぶことを心がけています。**そして、その人に信用できる実績や成果があるのかを客観的に見極めます。

そして、**相手を信用すると決めたら、自分が「トカゲ」になったと想像してください。**信用は、トカゲのしっぽの部分に任せるのです。

体全体で信用してしまうと、もし相手の行為が信用に足るものでなかった場合、大きなダメージを受けてしまいます。しっぽに任せていたなら、相手が信用を失う行為をした場合、ちょんとしっぽだけを痛み少なく切り離し、あなたの心を守ることができます。

これは決して、いい加減に相手を信用しようということではありません。何かあったときに、ダメージを最小限に防ぐための処世術です。

49

自分がされて嬉しいこと＝相手が喜ぶことではない

発達障害を持つ人は、とてもピュアで優しい人が多いと思っています。

嘘がつけない。本音を伝えてくれる。たくさん傷ついてきたので人の痛みがわかる。常に努力をしている。これらは、私の知る発達障害の人に共通する部分です。

そんな私たちですが、世間からは、「空気が読めない」「気配りができない」「わがままで自己中心的」「正直にものを言いすぎる」などと思われることが多いようです。純粋でひたむきに生きている発達障害の人たちが、このような捉え方をされてしまうのはなんとも悲しい事実です。

しかし、私なりに過去の経験から検証した結果、この悲しい事実に至るには、理由があることがわかりました。**発達障害を持つ私たちは、自分基準で物事を考えてしまう**のです。

こんな経験はありませんか？

職場の誰かが髪の毛を切りました。あなたは素直な気持ちを伝えます。

「前の髪型のほうがよかったですね」

すると相手の顔はみるみる曇り、不愉快そうに去っていってしまった。

このとき、相手を傷つけようなどと思っていたわけではなかったはずです。ただ思ったことを素直に伝えただけ。なぜなら、あなたは自分だったら素直に伝えてほしい、と思っているから。


よかれと思って口にしたことが、自分の意図と違うことになるのは、悲しいことですよね。

この点が、私たちが社会生活を送る上で、最も注意しなければならないところです。

この世は自分と同じ考えの人ばかりではありません。価値基準も人それぞれです。

さまざまな方がいるのですから、「自分がされて嬉しいこと」が、必ずしも「相手も喜ぶこと」とは限らないのです。**あなたの優しさは、相手にとって迷惑行為となりうるのです。相手が望んでいないことを押し付けるのは、自己中心的な行動です。**

「自分がされて嬉しいことを相手にもしなさい」とは、よく一般的に言われる言葉ですが、私たちにそれは当てはまりません。「自分がされて嬉しいこと＝相手が喜ぶこと」ではないことを、まずは心に刻みましょう。

50 感謝は伝えすぎるくらいで丁度いい

発達障害を持つ人は、何かにつけて忘れっぽいので、知らず知らずのうちに、相手に失礼なことをしている場合があります。しかし、何をおいても忘れてはいけないものがあります。それは、感謝の気持ちです。

私の祖母は、いつも贈り物ばかりしている人でした。お世話になっている人、近所の人、友達、周りにいるありとあらゆる人に贈り物をしていたのです。

そして、プレゼントを選んでいる祖母はとても幸せそうでした。

「なんでおばあちゃんは、人にプレゼントばかりしているの?」と私が聞くと、「いつもお世話になっている人に喜んでもらいたいからだよ。感謝の気持ちはしっかり伝えないと伝わらないからね」と、にっこり笑いながら答えてくれました。

この記憶が鮮明に焼き付いているので、私は**何をおいても感謝だけは忘れてはいけない**、と思いながら生きてきました。

発達障害でなくとも、人は自分が他人にしてあげたことはいつまでも覚えているのに、自分がしてもらったことは忘れてしまいがちです。

「○○さんに、あんなによくしてあげたのに」と文句を言っている人を見かけますが、相手も感謝はしているはずです。ただ、伝え方がよくなかったのだと思います。

私の所属事務所の会長が、次のような話をしてくれました。

「こんな3人がいたとしよう。心から感謝の気持ちを相手に伝える人。特に感謝もしてないけど、口先だけで感謝の気持ちを相手に伝える人。心ではものすごく感謝してるのに、躊躇して感謝の気持ちを口に出して伝えられない人。一番残念なのは、3番目の人になるんだよ」

一番残念な人にならないようにしたいですよね。感謝の気持ちは、どんどん口に出して伝えましょう。伝えすぎて「うざい」と思われないかな、なんて考える必要はありません。感謝されて嬉しくない人などいません。感謝の気持ちは伝えすぎるくらいで丁度いいのです。

51 名刺に相手の顔の特徴を捉えた絵を描く

日本のビジネスにおいて、名刺は欠かせません。私たちナレーターの仕事も、まずは挨拶と名刺交換からはじまります。

私は新人の頃、自分の名刺にチンパンジーと友達のように写っているツーショット写真を載せていました。当時の私は特に何の計算もなく、気に入っている写真だったので使用していたのですが、これは非常に評判がよく?! 名刺を渡したそのあとの話題には事欠きませんでした。

名刺を渡しても、相手に自分のことを覚えてもらわなければ意味がありません。逆に言うと名刺をくださった方のことを後々思い出せないのなら、名刺は何の意味も持たないただの紙切れとなってしまいます。

私の仕事の場合、日々新しい人に出会い、名刺交換をするので、翌日見返したときには、もう名刺をくださった方の顔と名前が一致しなくなってしまいます。**一度名刺交換を**

しているのに、またはじめましてと名刺を差し出してしまうことほど、気まずいことはありません。相手が覚えてくださっているのに、こちらが忘れてしまっていたら、相手に対して非常に失礼です。

どうしたらいいんだろう。そこで私は、**出会った相手の顔の特徴を捉え、名刺の裏に絵を描く**ことにしました。ちなみに私は絵がとても下手くそですが、下手でも構いません。誰に見せるものでもありません。自分だけが、見てわかればいいのです。

相手の顔の中でインパクトに残った部分を大袈裟に絵に描くことで、その人の顔を脳に鮮明に焼き付けることができます。

余裕があれば、出会った日付と場所も書いておくといいですね。

そして、定期的に、いただいた名刺と、名刺の裏を見返すようにしましょう。

こうして、人の顔と名前をしっかりと記憶することは、仕事をする上でとても大切です。

発達障害を持つ人は、人の顔を覚えるのが苦手なことが多いです。ぜひ、名刺の裏に、似顔絵を描いてみてください。楽しみながら覚えられますし、あとで見返しても楽しいです。

52 ミスしたときに絶対にしてはいけないこと

日々、さまざまな対策をとりながら、ミスをしないように必死にがんばっている私たちですが、残念ながらどこかのタイミングで必ずミスをします。発達障害あるなしにかかわらず、私たちはロボットではなく人間なのでミスして当然です。

頭ではそうわかっていても、ミスしてしまうと悔しいですよね。こんなにがんばっているのに、人一倍注意を払ってミスしないように努力しているのに、なんでこうなってしまうんだ。自分が嫌になってしまいます。

しかし、どんなに悔しくても、ミスをしてしまったときに絶対にこれだけはしない、と決めていることがあります。それは、言い訳です。

まずすべきことは、謝ることです。

「申し訳ありませんでした!!!」これが最適解なのですが、つい言い訳したくなってしまいます。

約束の時間に遅刻してしまったとき、こんな謝り方をしたことがあります。

「いや～ちゃんと出発したんだよ。でも、スマホを家に忘れてることに気づいてさ、急いで取りに帰って、それから駅まで走ったんだけど、目の前で電車の扉が閉まって、乗り遅れちゃった。ごめん」

0点です。実際、これはすべて真実で嘘はついていないのですが、相手からしたら「そんなん知らんがな！」ですよね。

まずは、謝りましょう。相手からミスした理由の説明を求められない限り、言い訳してはいけません。目の前にあるのは、あなたがミスをしたという事実だけなのです。

ましてや、**「私は発達障害だから」などと開き直ることは絶対にしないでください。**

悲しいかな、発達障害の人は言い訳をしがちだ、と認識している人も世の中に少なからずいます。人一倍がんばって、ミスしないでいられた日は自分を目一杯褒める。ミスしたときは、言い訳しないでグッと我慢。

ミスしてしまったときは、素直に謝るほうが確実に信頼される人間になれます。

53 何を捨てても清潔感だけは捨てるな

発達障害の私は、身だしなみを整えるのが非常に苦手です。苦手というよりは、無頓着というほうがしっくりきます。

人前に出る仕事をしているので、とりあえず着替えてはいますが、休みが何日か続くような場合、制服化してしまっているくらい同じ服ばかり着続けています。また、洗濯が間に合わなかった場合、夫のトランクスを借りてはくこともありますし、最悪の場合、パンツをはかずに出かけることもあるくらい無頓着です。ドン引きですよね。

これは**ASDの特性である「他者が見たらどう思うのか」、という他者視点を持ちづらい**ことに由来しているように思います。自分がそれでいいんだからいいじゃないか、と思ってしまうのです。バタバタしていて服を裏表逆で出かけてしまったことは何度もありますし、タグが付いたまま出かけていたこともあります。

そんな私が何を言う、という感じではあるのですが、仕事をする上で絶対にこれだけは捨てないでいようと思っているものがあります。それは、清潔感です。

服が裏表逆だろうが、タグが付いていようが構いません。笑われてすむくらいのことです。しかし、不潔というのは、笑ってすまされる問題ではないのです。不潔が好きな人などいませんから、あなたが不潔にしていたら間違いなくあなたのそばから離れていきます。

発達障害の人の心が落ち込むゾーンに入ると、お風呂に入ることが非常に難しくなってきます。布団から出られず、お風呂に入れなくなるという発達障害の友人が、私の周りにはたくさんいます。私もよくそのような状態に陥ります。

そんなときは、**布団の中で「えいっ！」と叫んでから、気合いを入れて立ち上がり、お風呂場に向かいます。**そして、お風呂場に行けた自分を褒め称えます。

とにかく、どんなときもお風呂にだけは入ろう、と決めてほしいのです。

身だしなみを整えるのが苦手で多少髪の毛がボサボサでも、洗ってさえいれば不潔ではありません。清潔である、ということは、あなたのためであり、周りの人のためでもあります。

たとえ発達障害の特性ゆえに「他者の視点」が持てなかったとしても、他者への思いやりの心だけは忘れないでいましょう。

54 なるべく早く自分の弱みを見せる

発達障害の人は、脳の働き方に生まれつきの偏りがあります。この偏りのために、得意なことと苦手なことに大きな差が生まれます。

それゆえ、一般の人が何の苦労もなくできることができなかったり、コミュニケーションが苦手だったり、さまざまな場面で困難に直面することになります。

私の場合、機械がとんでもなく苦手です。究極の機械音痴です。パソコンもまったくわからず、なんとかWordでこの本を書くくらいのことしか、使うことができません。

また、コピーをとるのも非常に苦手です。原稿をコピーしようとして、一度で成功することはほとんどありません。所属事務所に置いてあるコピー機の前で、失敗する度に大声を上げながら頭をかきむしっている私を見るに見かねて、最近ではスタッフたちが、「大丈夫ですか?」と前もって声をかけてくれるようになってしまいました。

必死にがんばってもできないことは、お願いしてもいいのです。むしろそのほうが、相

手に迷惑をかけずにすみます。

また、私は人がたくさん集まる場所が苦手です。

頭や背中など、あらゆる場所が痛くなってきて、だんだんと顔も引きつってしまいます。私の特性が、そうさせるのです。好きな人と過ごしていてもそうなることがありますので、人の好き嫌いは関係ありません。

ですから、私は前もって、人がたくさんいると具合が悪くなってしまうことを公表しています。すると、私が顔を引きつらせていても、「ああ、人が多いからだな」と周りは理解してくれます。「この人は私と一緒にいるのが嫌なのかな?」などと相手にいらぬ想像をさせなくてすみます。

努力してもどうにもならないことは、早めに弱みを見せてしまいましょう。その代わり、自分にできることでしっかり貢献していきましょう。

自分の弱みと強みを書き出しておくといいですね。これは発達障害あるなしにかかわらず、やっておいたほうがいいです。自分を理解することから、すべてがはじまります。

55 雑談の極意

発達障害の私たちが苦手なもの。それは雑談です。とりとめもない、いつまで続くのか、どこでやめればいいのか、何を話せばいいのかわからないあの時間。私たちが、うまくやり過ごす方法はただ1つ。相づちを打ちまくることです。

雑談とは、その場の全体の空気を暖めたり、仕事で集まった人間のコミュニケーションを円滑にしたりするためのものです。仕事でしっかりいい結果を出すことが大前提であり、雑談はあくまでもオプションです。だから自分がリードする必要はないのです。自分から話題を提供せずとも、必ず誰かが何かを話しはじめてくれます。

だから私は基本的に、どの角度から考えてもおもしろいと感じる出来事や事件がない限り、仕事現場で自分から話題を提供することはありません。

発達障害の私たちが、雑談において失敗しないためにすべきことは、相手の会話に大き

く相づちを打つことです。話題を提供してくださる人への敬意と感謝の気持ちを持って、丁寧に聞き役に徹するのです。

複数人での雑談であれば、声を発さずとも、大きく首をふって頷いているだけでもOKです。

一人で納得するように、「そうなんですねー。驚きですね」と、呟いていてもいいですし、「おもしろいなあー」と、囁いていても構いません。何らかの反応を示し続けます。「まじっすか」「それはやばいですね」「さすがですね」「なるほどです」この辺りの言葉を駆使していきましょう。

自分が何かおもしろいことを言おう、などと考えなくてもいいのです。人を楽しませるというのは非常に難しいことです。自分がおもしろいと思う話が、他の人にとってもおもしろい、とは限らないのです。自分以外、誰も興味のない話を延々と続けてしまうことほど、恐ろしいことはありません。私たちは、**自分の好きなことを話し出すと止まらなくなることもあるので気をつけましょう。**

その代わり、相手のお話がおもしろいと感じたときは、思いっきり笑いましょう。声を上げて笑いましょう。あなたが笑うことで、その場の空気が一気に明るくなります。

56
笑顔は作り出すことができる

幼い頃の私は、いつも眉間にシワを寄せている子供でした。

写真を見返してみると、3歳や4歳の頃の私は、幼い子供と思えないほど、眉間に深いシワを寄せて難しい顔をしています。実際、私を育ててくれた祖母は、「幼稚園の先生から郁（著者）の眉間のシワについて何度も注意された」と話していました。

しかし、私はあるときから、にこにこ笑うようになりました。

人とスムーズに会話するなどのコミュニケーションを取るのが苦手だ、と気づいた中学生くらいの頃からです。複数人で話しているとき、どのタイミングで何を話していいかわからない状態に陥ることが増えたので、私は**とりあえず笑っておく、という処世術を身に付けました。**

ただし、この「にこにこ」には、よくない部分があります。

発達障害を持つ人は、怒られているときも笑ってしまう人がいる、と言われています。

相手の意図することが理解できなくて、怒られていることに気づかないときや、相手の攻撃から心を守るための自己防衛本能が、とても強くなってしまっているときです。

私も自分に怒りを表す相手に対して、「なんでそんなに怒ってるの？」とヘラヘラ笑いながら返してしまい、余計怒らせた経験が何度もあります。

こういった私たちの特性は、相手の怒りに対して、火に油を注ぐようなことになってしまうので、うまくコントロールする必要があります。

しかしそれでもなお、私は**「笑顔」が自分を守ってくれていると感じることがとても多いです。**

「とりあえず笑っとけ」。これは、後輩から「現場でのコミュニケーションの取り方がわからない」と相談を受けたときに、私がよく伝える言葉です。

あなたの周りにいる、いつもにこにこしている人を思い出してみてください。そういう人と一緒にいると、なんだか幸せな気持ちになりませんか？

さあ、今日から鏡の前でにっこりと口角を上げてください。あなたの周りがパッと明るく輝きます。

57 大切な人とは1対1で会う

私は複数人での会話が苦手です。ですから、女子会などの集まりも苦手ですし、仲のいい人同士で集まったとしても疲労はものすごく、帰宅後ぐったりしてしまいます。

たとえ仲良しグループであっても、その関係性の深さはそれぞれ違いますし、盛り上がる会話の内容も違います。その**微妙な距離感を測りながら会話をすることは、私たちにとって至難の業です。**

結局、自分が声を発するタイミングもわからず、さまざまな方向に飛んでいく会話を追いかけるのに必死になり、せっかく集まっている時間を楽しむことができなくなってしまうのです。自分の思いを伝えることもまったくできなくなり、ただヘラヘラと笑っているだけの人となってしまいます。

そんな私なので、大切な人に会うときは、1対1で会うことに決めています。

自分がこの人とは深く関わりたい、と思う人には、1対1の時間を取ってもらえるようにお願いしています。

二人きり、ということは、自分と相手しかいませんよね。横やりが入ることもなく、相手の言葉に真剣に耳を傾けることができますし、二人の間でしかできない会話も、誰に気を遣うことなくすることができます。誰かと本当に向き合いたいなら、1対1を選ぶことです。

聖徳太子のように、一度にたくさんの人の話を聞き分けることができる人ならいざ知らず、**不器用な私は1対1での時間からしか、深い関係性を築くことができません。**

どんなに立場が上の人でも、1対1で会ってお話しすることで、年齢を超えた深い仲になれることもあります。目の前の人に集中できる環境で、あなたの思いを素直に伝えたとき、そこに深い信頼関係が生まれます。

勇気を出して、お声がけしてみてください。お声がけして1対1で会うことを断られたら残念ですが、その人とはそれまでの関係性ということです。

気にしないで大丈夫。あなたにとって本当に大切な人に必ず出会えます。

58 手のひら返しをする人には近寄るな

手のひら返しとは、何かのきっかけにより、それまでの態度を急に変えることを言います。それまでは低く評価していた物事や人物のことを、周りが評価していることを知った途端に高く評価したり、またはその逆だったり。**その場その場で都合よく態度を変えるような人に出会ったら、まず距離を取ることです。**

残念なことに、結構な割合で、手のひら返しをする人はいます。

私は見た目が地味で、弱くおどおどして見えるためか、こういう手のひら返しをする人から、最初は必ずと言っていいほど、冷たくされます。挨拶しても目を合わせてくれない。まるで私がその場に存在していないかのような振る舞いをされます。

いじめられたり排除されたりした経験があるため、「ああ、またか」と、私は冷たくされることには慣れています。

それよりも私が深く傷つくのは、最初見向きもしてくれなかった人が、私がナレーターや声優であることを知ったり、著名人と親しいことなどを知ったりした瞬間に態度を変えることです。人を見てコロコロ態度を変える人を見ると、とても残念な気持ちになります。先輩にはへいこらして、後輩には偉そうに振る舞う人も、この種の人です。

時と場合によってコロコロと意見や態度を変えるので、まったく信頼できません。このような人とは関わるべきではありません。

発達障害を持つ私たちは、すぐに人を信じてしまうところがあり、手のひら返しをする人と過ごしていると、相手の態度に一喜一憂し、振り回されてしまいます。早々にシャットアウトすることをおすすめします。

私の中での判断基準は、相手の態度に一貫性があるかどうかです。どのような相手にも、変わらぬ態度で接しているか。相手の立場によって、態度を変えていないか。その点に着目して見てみると、すぐに手のひら返しをする人かどうかを判断することができます。

私たちは、誰に対しても、一貫性を持った態度を心がけましょう。正直で裏表のないところが、私たちの強みでもありますね。不器用でもいいのです。真っ直ぐに人と向き合うべきです。弱者である私たちだからこそ、見える世界があります。

59 他者と自分を切り分ける

発達障害を持つ私が一番と言っていいほど悩んできたのは、人間関係です。人間関係で失敗しないために気をつけていること。それは、他者と自分を切り分けることです。

先日ＡＢＥＭＡ ＮＥＷＳで、私が発達障害を持ちながら子育てをしている様子を密着取材されたものが公開されました。これを、ある媒体が切り抜き記事にして、センセーショナルなタイトルを付けたことからＳＮＳで大炎上。おびただしい数の批判コメントが寄せられました。

コメントの中には、次のようなものが多く見られました。

「うちの母親も発達障害で、子供である自分はとても迷惑をしている」

「ヒステリックな子育てする母親に育てられる子供がかわいそう」

私は、ヒステリックに子供を叱ったことは一度もありません。発達障害だからこそ、自分をしっかり見つめ、できることとできないことを洗い出し、周りに迷惑をかけないためにあらゆる対策を練りながら生活をしています。

これらのコメントをくださった方々が間違いだということではありません。皆さんそれぞれご自身の体験をもとに語られています。しかし、ご自身の体験や考え方が、誰にでも当てはまるわけではないはずです。**自分の問題と他人の問題は、切り分けて考えてほしいのです。**

なぜそんなことを言うのかというと、私自身がこの、他者と自分を切り分けることがとても苦手だったからです。

相手の問題なのに、自分が課題を解決できないかと踏み込んでしまう。

自分は相手にすべてを包み隠さず話しているのに、相手が私に話してくれなかったことが発覚するとショックで落ち込んでしまう。

何を話すかは相手の自由なのに、勝手に自分と同じだけの熱量を求めてしまう。

このような失敗を繰り返してきたので、他人は他人、自分は自分、と常に言い聞かせるようになりました。それくらいで丁度いいのです。**良かれと思ってした行動が、大きな迷惑となってしまうこともあります。**他者と自分を切り分けましょう。

60

苦手な人物の観察日記をつける

あなたには苦手な人物はいますか？　非常に残念なことですが、私にはいます。社会生活を送る以上、それは仕方のないことなのかもしれません。苦手な人がプライベートで出会った人なら関わらないようにすればいいだけなのですが、仕事関係だとそうはいきませんよね。

そこで、ここでは私が苦手な人物とうまく付き合うためにやっているテクニックを紹介します。

まず、**苦手な人の顔の絵をノートに描きます。**下手くそで構いません。あなたの思うように描いてください。次に、**その日その人がしていた行動を、ノートに書いていきます。**観察日記をつけるのです。

苦手な人を、そういう「生き物」がいるのだと捉え、行動を観察していきましょう。苦手と感じるのには、必ず理由があります。観察日記をつけることで、いったい相手のどの行動が苦手なのか、明確になってきます。

理由がはっきりすると、心がスッキリします。私が発達障害だと診断されたとき、自分が普通のことができない理由がわかってスッキリしたのと同じように。

理由がわかると、傾向と対策が見えてきます。この人がこういう発言をするには、こういう心理が隠されている。だから、このように言葉を返そう、といった対応策が見えてきます。

そして、そこまで**細かく観察していると、そのうち飽きてきます。飽きてくると、あなたにとって、苦手な人物の存在が小さくなっていきます。**

それとは逆に、苦手な相手を観察しているうちに、だんだん愛着がわいてくることもあります。私は、この苦手な人物の観察日記を通して、苦手を克服し、仲よくなった人が何人もいます。

あなたも苦手な人がいるのなら、ぜひ観察日記をつけてみてください。ただし！　その日記は決して家から持ち出してはいけません。ひっそり隠しておきましょうね。

第5章

いつも忘れずに持ち続けたいマインド

61 白鳥理論

優雅に湖に浮かぶ白鳥。いつもバタバタしている私には、とても美しく神々しく映ります。「あんな風に優雅に立ち回れたら、人生が変わっていたかもしれない」、何度もそんなことを考えたことがあります。しかし、実のところ、白鳥も水面下では足をバタバタと動かしていると言います。

発達障害を持つ私たちは、多くの人がすいすいとできることに困難が生じるので、水面下で人一倍、努力しなければなりません。**「発達障害に見えないね」と言われることの多い私ですが、普通の人のように振る舞うために、ものすごくたくさんの対策を立てています。**

人が多い場所に行くと頭痛が起きるので痛み止めは必須ですし、忘れ物や遅刻の対策もしています。人前で話すことも苦手です。

しかし、私には発達障害のことをもっと世の中に伝えたい、という強い想いがあります。ですから、スピーチコンテストや講演など、人前に出て話す活動を続けています。

昨年、私はあるスピーチコンテストで優勝しました。スピーチが上手だね、と言われることが多いのですが、実はまったく得意ではありません。しかし、人前に出る以上、美しく水面を滑る白鳥のように、淀みなく流暢に喋る必要があります。

どうしているのかというと、喋る内容をすべて完璧に丸暗記しているのです。頭で何も考えなくても口から言葉が滑り出るようになるまで、何百回と練習することが必要です。そのため、スピーチや講演を頼まれると、何日も何日も１日10時間くらい部屋にこもって、一人でずっと喋り続ける練習を繰り返しているのです。

重ねた稽古量は、嘘をつきません。せめて人並みに見えるようにと、過集中を働かせて猛練習を重ねた結果、気づけば優勝するまでになっていました。

水面下でのもがきは、誰の目にも映りません。しかし、もがけばもがいた分、必ず結果として現れます。たとえうまくいかなかったとしても、これ以上ないほど努力した結果であれば、自分に納得ができます。**私たちががむしゃらにがんばったとき、いわゆる普通の人たちよりも大きな結果や功績を残すことができることもあるのです。**

もがきましょう。納得いくまで、もがくことです。もがいているあなたは美しいのです。

62

毎日変わらない自分でいよう

発達障害を持つ人は、気分の浮き沈みが激しいと言われています。

私もめちゃくちゃ元気で自分は何だってできるような気持ちになるときと、自分が嫌になり一日中布団の中にいたいときがあり、その差がかなり激しいことを自覚しています。

しかし、仕事をする上で、そんな気分の浮き沈みを出すわけにはいきません。

そこで、私は仕事用のスイッチを１つ作ることにしました。**明るくも暗くもない、元気でも元気なくもない、フラットスイッチです。**

あなたの周りにこんな人はいませんか？　とても元気なときと、あまり元気がないときの差が激しい人。挨拶をすると朗らかに返してくれる日と、なんだか浮かない顔で挨拶もそこそこにしか返してくれない日がある人。実はこのような人は、人からの信頼を一番失いやすいのです。

発達障害を持つ私たちは、不安定になりやすいです。そんな私たちが、いつも朗らかで

明るい人を目指そうとすると、必ず、あまり元気がない日が訪れてしまいます。そうすると、周りの人にいらぬ不安や心配を与えてしまうことになります。

そうならないためにも私たちがするべきは、「いつも変わらないでいられるくらいの、明るくも暗くもないフラットスイッチ」を入れることなのです。このスイッチを意識することで、テンションが上がりすぎて喋りまくってしまう現象や、落ち込んでいる姿を隠せず人に晒してしまうという悪癖を、未然に防ぐことができます。

プライベートではかなり浮き沈みの激しい私ですが、仕事現場では、「中村さんはいつも元気ですね」とよく言われます。実際のところ、そんなに元気に振る舞っていませんし、大きな声も明るい雰囲気も出そうとはしていません。常に同じでいることを心がけているだけなのですが、いつも変わらず明るい人、と言われるのです。

毎日明るくて元気で朗らかな人は、もちろん人から好かれます。しかし、それを目指してもいいのは、毎日必ずその元気なテンションを継続できる人限定です。

明るくなりすぎる日を作らないために、フラットスイッチを入れましょう。

63

人の靴まで丁寧に並べよう

私は小学校受験、いわゆるお受験をしたのですが、見事に落ちました。お受験はペーパー試験だけではありません。試験官は、集団の中での子供の発言や行動を見ています。私は落ちて当然の子供でした。人が集まるところが苦手、人見知りでコミュニケーションが取れない、片付けができない、ゲームで負けたら泣きわめく……。求められているのと、真逆の子供だったのです。

お受験で求められていたものは、社会人の大人にも求められるものです。そういう意味では、現在の私は完全に社会不適合者です。しかし、そんな私でも、きちんとした社会人であることを演出できる簡単な方法があります。

発達障害を持つ私たちでも、すぐに実践できること。それは、「靴をきれいに並べること」。空気を読んで周りとコミュニケーションをうまく取ろうとしても、一朝一夕にはいきません。しかし、靴をきれいに並べることは、意識したその瞬間から行動に移すことができます。靴を脱いで、振り返り、きちんと手で靴を揃える。ただそれだけです。

でも、**それだけのことができない人が、意外にもこの世の中にはたくさんいるのです。**

周りの人は見ていないようで、思わぬ瞬間のあなたの行動を見ています。すべてのマナーをきちんと守れるにこしたことはありませんが、ミスの多い私たちには少し難しいかもしれません。ならば、たった1つ、靴だけはきれいに揃えることを心がけてみてください。

その際、自分の靴だけでなく、他人の靴が乱れていたら、そっと直すようにしましょう。誰も見ていなくても、他人の靴までもきれいに整えることを習慣にしてみてください。ぐちゃぐちゃになっている思考も行動も、靴を揃えている瞬間だけは一旦リセット。きちんとした素敵な大人になったかのような錯覚を覚えます。

また、**人の靴まで丁寧に整えるあなたの姿をたまたま目にした人は、あなたのことを思いやりのある人だと思うでしょう。そして、きちんとした人だな、という印象を与えることができます。**

ただ、靴を並べるだけで、あなたの印象が大きくアップするのです。小さなことからはじめましょう。

64 一番立場の弱い人に寄り添う

仕事をする上で私が最も大切にしていること。それは、その場にいる一番立場の弱い人に寄り添うことです。

仕事関係で、人が何人か集まると必ず上下関係が生じます。私が一番年下、立場も下のときはそれでいいのですが、**もし自分よりも年下の人や立場が弱い人がいるときは、私はその人の心に最も寄り添うことにしています。**

その場にいる一番立場の弱い人に寄り添うのは、私自身がいじめられた経験があり、発達障害ゆえに人とうまくコミュニケーションが取れず、辛い思いをしたことがあるからです。

新人の頃、周りからきつく当たられ、涙した出来事がありました。同調圧力からか、その場に居合わせていた親しい友人さえ、声を上げてくれることはなく、私は孤立しました。

しかし、そんなときでも寄り添ってくれた人、守ってくださった人がいました。そのことは、ずっと私の記憶から消えることはありません。その人のためなら何でもしたい。20

年以上経った今でも、感謝の気持ちを忘れることはありません。

私は指名でお仕事をいただくことが多いのですが、今、私を指名してくださるディレクターさんは、以前、先輩からめちゃくちゃに怒られていた当時ＡＤだった人たちです。

ある仕事のオファーをいただいたとき、「僕が一人前になったら、中村さんにナレーションをお願いしようと思っていたんです！　やっと夢が叶いました」と、伝えてくれた言葉に、私は涙が出そうになりました。

この人と仕事がしたい。そう思ってもらえていたことを知り、本当に嬉しかった。

仕事で最も大切なのは人間関係です。

たとえ表面上のコミュニケーションがうまくても、利害ばかりを求めて上にはへいこら、下には偉そうにする人のところからは、仕事や人は去っていきます。

たくさん傷ついてきた私たちだからこそ、弱者の私たちだからこそ、傷ついている人、弱い人の気持ちに気づくことができるはずです。優しさを広げていきましょう。それはいつかきっと、あなたのもとに返ってきます。

65
無理と言ったら終わりだと心得る

私が仕事をする上で、決して口にしない、と決めている言葉があります。それは、「無理です」という言葉です。「無理」と言ったら、その時点ですべては終わります。

私はこれまで、一度も仕事を断ったことがありません。自分には少し難しいかも、というジャンルの仕事も、「無理」とお断りせずに引き受けてきました。

結果、60点くらいで終わってしまった仕事もありましたし、相手に満足していただけず、別の人に差し替えられてしまったこともありました。しかし、すべての失敗は私にとって意味のあるものでした。60点で終わった仕事も、次に100点を出すための布石となります。

自分に与えられる仕事は、「この人ならできる」と思われているものです。だから自分にはとても無理だと思っていても、やってみたら意外に乗り越えることができてしまうこともあるのです。

あるとき所属事務所から、「芝居に出てほしい」と言われました。私は人前に立つのがとても苦手で、お芝居などとんでもないと思いました。だけど「無理！」と言いそうになるのをぐっとこらえて、「私は演技はとても苦手ですが、どんな役ですか？」と聞くと、「歌手の役だから、歌だけとりあえず歌ってくれればいい」と言われました。

歌うことは得意な私は、それならなんとかなるかと思って、芝居に出ることを引き受けましたが、フタを開けてみると、その芝居の主役で、ガッツリ演技をしなければならないことが判明しました。

引き受けた以上、無理だと言いたくない私は人一倍練習し、必死に食らいついて、自分の持っている力のすべてをかけて本番に臨みました。その結果、お客様から大変喜んでいただくことができたのです。それ以来、私は演技が大好きになりました。あのとき「無理」と言っていたら、私は一生、演技が苦手という自分の殻を破ることができませんでした。

無理かどうかは、やってみないとわかりません。どうかあなたの辞書から、「無理」という文字を消してもらいたいと思います。一度必死になってやってみて、できなかったら今後やらなければいいだけのことです。「無理」から、「やる！」に、変えていきましょう。

66 あなたには石を投げる資格がありますか？

キリストは、ある罪深い女に対して、村人たちが石を投げようとしたとき、「この中で、自分がこれまで一度も罪を犯したことのない者だけが、この女に石を投げなさい」と言いました。すると誰一人として石を投げることができず、その場から立ち去ったそうです。

自分が清廉潔白で、何の罪も何のミスも犯さず、誰にも迷惑をかけたことのない人なら、他人を責める資格があります。しかし、そんな完璧な人間などいません。

私はたくさんのミスを犯してきました。自分が把握している以上に、数々の失礼なことをしてしまっているに違いありません。**発達障害を持つ私は、さまざまな場面で周りの人に助けてもらっているのです。**何度も大目に見てもらっているはずなのです。

そんな私が、誰かを責めることなどできません。

私たちにできること、それはゆるすことです。

「そんなのめっちゃストレス溜まるわ！」と思われるかもしれません。しかし、誰かに対して怒ることは、かなりのエネルギーを消費します。怒りはどんどん増幅し、ストレスはさらに溜まっていきます。怒ることもまた、あなたを苦しめることになるのです。

怒ってもゆるしても、どちらにせよストレスが溜まるなら、ゆるすことを選びましょう。

相手がミスしたとき、ミスを指摘するタイミングは、必ず周りに人がいないときを選びましょう。周りに人がいるときに感情のままにミスを指摘すると、相手に恥をかかせることになります。

なぜミスしてしまったのかの理由を聞き、今後のためにミスを防ぐ方法を一緒に考えるのです。ただ黙って相手のミスを飲み込むことが、ゆるすことではありません。

ゆるす、という言葉には、２つの漢字があります。「許す」と「赦す」です。

「許す」は、相手の希望や要望などを聞き入れ、許可すること。

「赦す」は、相手のミスや罪などを責めずに、なかったことにすること。

私たちがするべきことは、「赦す」ことです。私たちは何度も赦されてきました。誰かがミスしたとき、赦す、ことを忘れないでいましょう。

67

「知らない」と言える勇気を持とう

私たち発達障害を持つ人が絶対にやってはいけないこと。それは、知ったかぶりをすることです。

私は、人との日常会話において、「それ知らないな」と思うことがたくさんあります。自分が興味のあること以外の情報を受け止める力が弱いのです。従って、世間の一般常識があまりありません。

適当に話を合わせて知ったかぶりをしたこともありましたが、大抵どこかでそれはバレて、余計に恥ずかしい想いをすることになりました。

ですので、私は会話の中で知らないこと、わからないことが出てきたら、「すみません、知らないので教えてください」と素直に伝えるようにしています。

当然、「そんなことも知らないの?」と言われることも多く、恥ずかしいのは恥ずかしいのですが、早い段階でお伝えすると、大抵の人は親切に教えてくれます。ときには笑いながら、呆れながら、説明してくれます。

プライベートの日常会話ならいざ知らず、仕事において知ったかぶりをすると、取り返しのつかない大きなミスを犯してしまうことに繋がりかねません。

知らないのに知っているふり、わからないのにわかったふりをして仕事を引き受けてしまうと、その後、自分で自分の首を絞めることになります。評価を下げたくないから知ったかぶりをしてしまう。しかし、**知ったかぶりをした結果、待ち受けているのは大事故です。**

知らない、と伝えたらがっかりされるかもしれませんが、知ったかぶりをして大きなミスをしてしまうと、あなたの評価は地の底へ落ちてしまいます。

私たちは人から責められたり、叱られたりする経験が多いので、自分を守ろうとしてしまうことがあります。しかし、絶対に嘘をついてはいけません。自分を守るためについてしまった小さな嘘は、最後に取り返しのつかない大事《おおごと》になります。

「知らない」と言える勇気を持ちましょう。素直なあなたに、周りの人は手を差し伸べてくれます。自分を大きく見せる人には、誰も手を貸してくれません。

知らないことは、今この瞬間から知っていけばいいのです。

68

ご縁を繋いでくれた人への恩を心に刻む

「かけた情けは水に流せ　受けた恩は石に刻め」

これは私の所属事務所の会長から教えてもらい、私が心に刻んでいる名言です。恩を忘れない、というのは口で言うのは簡単ですが、なかなか実践するのは難しいことです。人は忘却の生き物だからです。

そこで私は、**自分がしてもらったことを、必ずノートに書き留めておくことにしています。** そして、お世話になった方には、機会あるごとにお礼を伝えるようにしています。

恩を忘れないということの中で、私が最も大切にしているものがあります。それは、人とのご縁を繋いでくださった方への感謝の気持ちです。

プレゼントをいただいた相手、お仕事をいただいた相手など、直接的なものはすぐにお礼を伝えることができますよね。忘れる人は少ないでしょう。

しかし、人とのご縁を繋いでくださった方へのお礼というのは、ついつい忘れてしまいがちです。**人と人とのご縁というのは、何物にも代えがたい素晴らしいものです。それを繋いでくださった方への恩を忘れることだけはしたくないものです。**

具体的に、人の縁とはどういうものなのか、私の仕事で考えてみましょう。

先日、私は講師の仕事の依頼をいただきました。依頼をくださったのは、私が以前に登壇したとある講演会に参加されていた方です。とてもありがたいことです。

しかし、この方が私に依頼してくださったのは、前の講演会があったからですね。そこに私を呼んでくださった方にも当然感謝を忘れてはいけません。

そもそも前の講演会ができたのは書籍を出版したからです。その関係者にも感謝を忘れてはいけません。

というように感謝をする人はどんどん増えていきます。

何か嬉しいことが起きたとき。そこには、必ず誰かが関与しています。なぜこの出来事が起きたのか、立ち止まって考えましょう。そして、そこへ導いてくださった方々への感謝の気持ちを伝えましょう。感謝できる人は、周りの人から大切にされ、新たなご縁をどんどん繋いで、お仕事を発展させていくことができます。

69

プレゼント上手になろう

プレゼントをするときに重要なことは、当たり前ですが、相手が喜ぶかどうかです。

ここを見落としている人が意外にも多いのです。

取引先などに菓子折りを配りまくっている人をたまに見かけますが、菓子折りには何のサプライズもありません。相手がそのお菓子を求めているかどうかもわかりません。**相手が喜ぶものをプレゼントしてこそ、そのプレゼントは意味のあるものとなります。**

相手が喜ぶものをプレゼントするためには、その人は何が好きなのか、どんなものに興味があるのか、日頃からしっかりと見ておく必要があります。

あるとき、所属事務所のメンバーで沖縄旅行に行きました。現地の喫茶店でコーヒーを飲んで店を出ようとすると、会長が、レジ付近に販売するために並べられていたマグカップを手に取り、「こんなマグカップでコーヒーを飲んだら、最高に美味しいやろなあ」と呟きました。

ピンときた私は、旅行の合間を縫ってその喫茶店に舞い戻り、会長が手に取っていたマグカップを買いました。そして、旅の終わりに、感謝の気持ちを込めてプレゼントしたのです。するとと、会長は「えっ？　これ、僕がめっちゃほしいと思ったやつやん！」と驚き、大喜びしてくれました。その喜ぶ顔を見て、私も心から幸せな気持ちになりました。

その人が何を必要としているのか、何が嫌なのか、何を持っていて何を持っていないのか、常日頃からしっかり見ていると、相手に喜んでもらえるプレゼントを贈ることができます。

そして、本当に喜んでもらえるプレゼントを贈ることができれば、日頃からあなたがその人のことをどれだけ大切に思っているのかを伝えることができるのです。

人は、自分に興味を持ち大切に思ってくれている人のことを、同じように大切に思うものです。

プレゼント上手になりましょう。常日頃から相手に興味を持ちましょう。興味を持ったら一直線なのが、発達障害を持つ私たちです。必ず相手の心を動かすプレゼントを贈ることができます。もらったほうも、あげたほうも幸せになるプレゼント。いい人間関係を築くためにも、どんどんやっていきましょう。

70 消しゴム理論

子供の頃の私はひどい癇癪持ちでした。何かのタイミングでスイッチが入ると、自分自身を抑えることができなくなり、部屋の中で暴れまくってしまうような子供でした。

あるとき、私は暴れながら、「おばあちゃんなんか嫌いだ！　死んじゃえ！」と叫んでしまいました。それまでは暴れている私に「やめなさい！」と声をかけていた祖母が、その瞬間に、スイッチが切れたかのように口をつぐみ、違う部屋へ消えていったのです。

その日から、1週間、祖母は私とまったく口をきいてくれませんでした。

私は祖母と二人で暮らしていました。そんな中、何を話しかけてもまったく返事をしてもらえない。それはそれは、地獄の1週間でした。

1週間経ったとき、祖母は私に静かにこう言いました。

「紙に書いた言葉は消しゴムで消すことはできるよね。でも、**口に出してしまった言葉は、消しゴムで消すことができないんだよ。**郁ちゃんが発した言葉で、誰かの心を傷つけてしまったら、それは一生消すことができないんだよ。言葉を発する前に、一度立ち止まりなさい」

私はこのとき、言葉を発することの責任、というものをはじめて知ったのでした。

コミュニケーションにおいて、「言葉」は非常に重要な役割を担っています。口から出た言葉は、消しゴムで消すことができない。肝に銘じておきましょう。

もう1つ、おばあちゃんの名言をご紹介します。

「言いたいことは明日言え」

伝えたいことが喉元まできて、今にも口から出そうになっていても、グッと飲み込みましょう。一晩考えて、翌日になってもどうしても相手に伝えたいと感じたなら、伝えてもいいです。感情に任せてものを言って、うまくいくことなど何もありません。

落ち着いて考えたら、「まっ、いいか」と受け流せることも世の中にはたくさんあります。

私たちにとって感情をコントロールすることは至難の業ですが、先の消しゴム理論と「言いたいことは明日言え」で、私は仕事関係の場所において失言をせず、なんとかここまでやってこられました。

口にする前に一度踏みとどまるだけで、いらぬ軋轢を生まずにすみます。

71 郷に入れば郷に従ってみる

「郷に入れば郷に従え」という言葉。本来の私はあまり好きではありません。基本的に、自分の気持ちの赴くまま、本能のままに動いてしまう性格です。しかしそんな私が、郷に入れば郷に従ってみることを推奨するのには訳があります。

大学生の頃、私はゼミをやめました。ゼミの空気感に合わせることができず、何のためにゼミに参加しているのかわからなくなったからです。ゼミをやめる人間などいなかったので、当時はとても驚かれました。

大学1年生のときに入ったサークルもやめました。ことあるごとに開催される飲み会に何の意味があるのか見出せず、結局馴染むことができなかったからです。

高校生の頃も、何のために毎日学校に通うのか、その意味を見出せなくなり、学校を休みがちになりました。

「いったい、これは何のために？」、すぐにその考えが頭をもたげてくるのです。

しかし、社会人になると、たとえ何のためにするのかわからず、嫌になるようなことがあったとしても、生きていくために仕事を続けていかなければなりません。

そこで私は、「何のために」と考えることをやめました。そこにあるのは、ただのルールです。いくら考えたところで、意味も答えもないのです。**無駄に思えることを当然のように繰り返すのが、組織というものです。**組織に属していくためには、その組織のルールに従わなければなりません。

自分の属している組織は、何を一番重視しているのかという視点で観察してみてください。コミュニケーションを重視している組織もあれば、利益という結果を重視している組織もある。とりあえず、その組織が大切にしているものに従ってみてください。

ちなみに私は新年会や飲み会がとても苦手ですが、所属事務所が開催する飲み会にはすべて参加していますし、人前に出るのが苦手でも、余興だってやります。私の所属事務所は、人との繋がりを大切にしている組織だからです。

何のために、と反発するよりも、郷に従いましょう。きちんとルールに従うあなたを会社は大切にしてくれます。

72

知識はひけらかさず、尋ねよう

私は今まで、インタビューやトークショーのお仕事もしてきました。その際ゲストに対して、やってはいけないことがあります。それは、自分の知識をひけらかすことです。

例えば、釣りのプロがゲストでやってきて、「この季節は、小さなかわいいイカがたくさん釣れるんですよ」と話してくださったときに、「知っています！ 9月から11月の終わりくらいまでは、コロッケサイズと言われるイカがたくさん釣れるんですよね！」と、私が意気揚々と重ねたら、ゲストはどう感じるでしょうか。

さらに追い討ちをかけるように、「イカ釣りは大好きで昔からずっとやってるんですよ！一晩で50杯釣り上げたこともあります！」と、こんなことを言ってしまったら、相手はどんどん話す気力をなくしていくでしょう。これは、相手の会話を奪う行為だからです。

日常会話においても、これと同じ現象が起きている場面によく出会います。

誰かが何かについて話題を出したとき、尋ねられてもいないのに自分の知っていることをどんどんどんどん話し続ける人。あなたの周りにもいませんか？

発達障害を持つ私たちは、油断すると興味のあることについてマシンガンのように話しすぎてしまう傾向があるので、くれぐれも気をつけてほしいのです。

人というのは話を聞いてもらいたい生き物です。人の話を奪うことは、絶対にしてはいけません。たとえ知識があったとしても、その知識は心の中に大切にしまっておきましょう。尋ねられたときにはじめて、発言すればいいのです。

また、**知識があるのなら、あなたはその場にいる他の人より、話している相手に素敵な質問を投げかけることができるはずです。**

好きなものが同じだった場合。自分の話に持っていくのではなく、敏腕インタビュアーになった気分で、

「私もそれ、大好きです。〇〇さんは、なぜ、それを好きになったんですか？」

こんな風に尋ねて、相手にたくさん話してもらいましょう。

相手はきっととても嬉しい気持ちになるはずです。自分が知っていることや、濃すぎる知識を持っているものほど、扱いにはくれぐれもご注意を。

73

「負ける」という手段を選べ

私は、ナレーション業界に入ってすぐ、「仕事をする上で、この人はできると思われることが大切だ。たとえ声の仕事であっても、見た目は重要だよ」と教えられました。

清潔感はもちろんですが、相手から、「この人は仕事ができそう」と思われることは、いい印象からスタートすることができるので、その後の仕事運びが楽になります。

ですから、ジャケットを羽織ってみたり、ヒールを履いてみたりして、できる人を演じようと心がけたのですが、どうしても仕事ができなさそうな人にしか見えません。

キャリア20年を超えた今でも、不安そうな顔をされることが多く、初対面のディレクターさんには、「大丈夫ー？　緊張してるんじゃないのー？　リラックス、リラックスー！」などと言われる始末です。私が、挙動不審なのが理由なので仕方ないのですが、さすがに、「まったく緊張などしてませんけど」と言い返したくなります。

しかし、ここで絶対に反発してはいけません。「負ける」という、手段を選ぶのです。

「ははは。そうですねー、リラックスしてがんばります」と、一旦相手に主導権を握らせます。そうすると相手は気分よく、優しくディレクションしてくれます。

私の反撃はここからです。ナレーションの技術で、証明するのです。もちろん緊張などしてませんから、声も震えませんし、相手の要望にどんどん堂々と応えていくのです。相手の予想を超えるいいナレーションを提供できたとき、それは私の勝利です。私が心の中でガッツポーズをする瞬間です。この瞬間がたまらないのです。

相手を言葉で打ち負かす必要などなく、一旦「負ける」を選ぶことで、大反撃に出ることができます。

相手に失礼なことを言われたときも、仕事の場では「負けて」あげましょう。反撃しても、相手の気分を損ねるだけで逆効果だからです。

「そうですね。ごもっともです」を繰り返しながら、自分の思う方向に相手を操るほうが、結果、相手を自分の手の内に引きずり込むことができます。

相手からのマウントには、負けてやりましょう。なめられているくらいが丁度いいのです。そのほうが相手は油断します。スカッと気持ちのいい逆転勝利が待っていますよ。

74

毒を吐く場所を限定する

発達障害を持つ私たちは、傷つきやすいところがあります。

私の場合は、何かに傷つくとフラッシュバックという現象が起こり、過去に受けた傷などの記憶が甦ってきて、胸が締め付けられるように苦しくなります。

叱責されたり、ダメ人間扱いされたりすることも他の人より多いため、それらを自分一人で抱えていると、ぐるぐるぐるぐると嫌な考えばかりが頭を巡り、ついには起き上がれなくなって、ずっと布団の中にこもってしまうことになります。

そうならないために、私は定期的に毒吐きをしています。

自分一人で抱え込み、つぶれてしまう前に、辛かったこと、苦しかったことを包み隠さず、信頼できる人に話すのです。

ただし、その相手は、何があっても他言しない人に限定しています。

私の発言を他の場所で話してしまうような人の前で毒を吐いたら、たちまち悪い噂が広まり、私は失墜するでしょう。たとえ私が正しいことを言っていたとしても、辛かったことや苦しかったことは、愚痴や悪口と捉えられかねません。

私の信頼している人は、辛かった出来事を話すと、私以上にその出来事に対して怒りをあらわにしてくれます。私の想像以上に、私の気持ちに寄り添って怒りまくってくれるので、私の心はスッキリし、楽になっていきます。そういう人を見つけてください。たった一人でいいのです。あなたの発言を決して他言しない人を探しましょう。

確かに愚痴や悪口を言う人は、人から好かれません。信用もされません。ですが、聖人君子のように、何の不平不満も言わず、何をされてもすべての人を嫌うことなく、穏やかに生きるのは、発達障害があろうとなかろうと現実問題難しいですよね。

無理をして自分に嘘をついていると、いつか心が壊れてしまいます。そうならないためにも、信頼できる人を見つけて毒を吐くことが必要なのです。

ちなみに私は信頼できる人と出会う前は、愛犬に辛い出来事を聞いてもらっていました。人間である必要もありません。あなたが絶対信頼できる場所で毒を吐きましょう。毒を吐くのは1カ所に限定。あなたの心を守りつつ、信頼も落とさずにいられる唯一の方法です。

75

折れない　懲りない　諦めない

私はナレーターの仕事をはじめて22年になりますが、その間にたくさんの仲間がやめていきました。

私たちの仕事は完全出来高制なので、ナレーターの仕事一本で生活できる人はひと握りです。ほとんどの人がアルバイトなどの副業をしながらナレーターを続けています。

そんな中、ありがたいことに、私がずっと仕事を続けることができているのは、ナレーションが好きだから、という理由だけではありません。私はあらゆるアルバイトをクビになってしまったので、ナレーションの仕事でなんとか生きていくしか方法がなかったのです。

だからどんなに苦しいときも、ナレーターをやめるという選択肢はありませんでした。

仕事の依頼がまったくないときは、もう誰も自分を必要としていないのか、と落ち込みました。自分が大切にしているレギュラー番組が突然終了したときも落ち込みました。

メンタルが不安定ですぐに落ち込む私ですが、それでもナレーションの仕事を続けられているのは、仕事に対する執念が人一倍強いからでしょう。

やめていった仲間の中には、私より才能のある人がたくさんいました。でも、さまざまな理由で続けることができなかったのです。ある意味、やめた人のほうが健全な考えの人たちだったとも言えます。

私は、普通の考えを持てなかった。普通に生きられない人間だから、続けることができたのかもしれません。

発達障害を持っていると、心が折れそうになるミスをしたり、もうこりごりだと思うような出来事に巻き込まれたり、諦めそうになるくらい残念な出来事が起きたり、さまざまな試練が訪れます。そんなときは、「折れない　懲りない　諦めない」この3つの言葉を呟いてみてください。

あと1年がんばる、と期限を決めるのもいいですね。1年経っても気持ちが持ち直さないときは手放して楽になりましょう。あなたにふさわしい場所は他にあります。ときには手放すことも必要です。

諦めたら、そこで試合は終了です。まずは踏ん張ってみましょう。

第6章

苦手な朝と遅刻癖を克服する習慣

76 昼夜逆転からおさらば！朝日を浴びる絶大なる効果

私は不眠症に悩まされていた時期があります。眠れないのです。頭はガンガンして疲れはてているのに眠れない。病院で睡眠薬をもらってようやく眠りにつける、という状態でした。発達障害を持つ人は不眠症に悩まされる人も多いようです。

ある夜、睡眠薬を探しても見つからないことがありました。私は血眼になって睡眠薬を探してなんとか見つけたのですが、このとき睡眠薬に依存している自分に気がつきました。

これはよくない。なんとかしなければ……。危機感を覚えていたとき、さまざまなご縁が重なり、我が家に子犬がやってきました。

この子犬がくせ者で、誰に見せても、こんなにやんちゃな犬は見たことがない、と言われるほど。私はこの子犬の世話にてんてこ舞いとなりました。どんなに夜眠れなくても、子犬は朝早くに私の顔をなめ回し、散歩につれていって、と催促してきます。仕方なく、毎日朝から散歩に出かける生活がスタートしました。

2週間経ったとき、ふと気づきました。不眠症が治っていたのです。不眠症が治った大きな理由。それは朝の散歩です。**朝日を浴びる生活が、不眠症を治してくれた**のです。

人間の体内でメラトニンというホルモンが分泌されると自然な眠りを誘ってくれます。このメラトニンは、朝日を浴びると分泌が抑制され、眠気が覚めます。そして朝日を浴びた14時間から16時間後に分泌がはじまります。つまり、朝日を浴びることで、夜に自然に眠くなるのです。睡眠予約タイマーのスイッチを入れるイメージですね。

それだけではありません。**朝日を浴びると、幸せホルモンと言われる脳内物質であるセロトニンの分泌量が増加するので、明るく前向きな気持ちになる**ことができるのです。

カーテンを開けて朝日を浴びるだけでも効果はあるそうですが、実際に外に出て浴びるほうが、効果は大きいそうです。

夜眠れないのに朝早く起きるのは、最初は苦行です。最初の3日は、修行だと思ってなんとか乗り越えてがんばってください。私の場合は、3日目を過ぎた頃から、夜は倒れるように眠るようになり、2週間経った頃には、眠れない夜が完全になくなりました。昼夜逆転のドラキュラのような生活をしていた私が、人間らしい生活に戻ることができたのでした。

77 ちょっとお得な気分にすらなるアラーム設定術

アラームをかけていても、寝坊してしまうという方に、おすすめの方法をお伝えします。「中村郁流！　ちょっとお得な気分にすらなるアラーム設定術」です。

最初に、あなたが起きなければならない時間の1時間半前に設定します。次に、30分前。その次に、10分前。さらに、起きなければならない目的の時間。そして、ダメ押しの10分後。この**5つの時間に、必ずアラームが鳴るように設定してください。**

朝1回目のアラームが鳴ります。寝ぼけ眼のあなたは時計を見て、ああ、まだ1時間半あるなと思い、堂々と二度寝するでしょう。

2回目のアラームが鳴ります。まだ30分あるぞ。三度寝するでしょう。

3回目のアラームが鳴ります。10分前。四度寝するか？　そろそろ起きようかな、と思いはじめます。

4回目のアラーム。いよいよ起きなければならない時間です。あなたは起きるでしょうか？　それとも五度寝に入るのか？

5回目のアラーム。ダメだ！　もう10分過ぎている！！！　ということで、あなたは5回目のアラームで急いで布団から飛び出すことになると、予想されます。

しかし、よくよく考えてみてください。確かに寝坊してしまいましたが、たったの10分なのです。**五度寝もして、寝坊したのはたったの10分。**10分なら、その後の準備を急げば、十分巻き返すことができます。

六度寝をしたら完全にアウトとなりますが、さすがにそこまではいかないでしょう。

二度寝してしまって……という寝坊由来の遅刻理由は聞いたことがありますが、六度寝してしまって……、という言い訳はこれまで聞いたことがありません。

私はものすごく朝が弱かったのですが、この、何度も何度も二度寝三度寝できちゃうパターンのアラーム設定にしてから、絶対に寝坊をしなくなりました。

それでも不安だという人は、スマホだけでなく、めちゃくちゃうるさいリアル目覚まし時計も使いましょう。起きなければならない時間の10分後にセットし、立ち上がらなければ止めることができない場所に置いておいてください。これで完璧です。

78

Yahoo!ニュースも使いよう

前の項目でアラームの設定についてお伝えしました。何度も二度寝を繰り返し、ようやく目が覚めてきたあなた。まだ頭がボーッとしているかもしれません。

そんなあなたには、起き抜けにネットニュースを見ることをおすすめします。


私は普段、スマホを触るときは、タイマーをかけるようにしています。一度ネットサーフィンをはじめると、関連するものを延々見続けてしまう癖があるからです。

ですから、やらなければならないことを抱えているときは、極力スマホを見ないようにしています。ただし、**朝の寝起きだけは、ネットニュースを見ることが非常に役に立ちます。**

意識は覚醒したけれど、まだ横になっていたい、目をつぶりたい……と思ったとき、無理矢理でもいいのでYahoo!ニュースを開いてみてください。最初は寝ぼけ眼で見はじめるのですが、「大物有名人、逮捕!」などの衝撃ニュースが目に飛び込んでくると、驚きでパッと目が覚めます。

また衝撃ニュースでなかったとしても、最近のＡＩのお陰か、スマホの画面に並ぶニュースは、自分が興味のあることばかりです。大体私のスマホにズラリと並んでいるのは、綾野剛主演映画の記事や、発達障害に関する記事、声優に関する記事などです。どれも興味がありますので、見ているうちにどんどん覚醒してきます。

また起き抜けにニュースをチェックすることは、世の中の流れをつかむという意味でも必要です。仕事現場に到着し、スタッフさんと顔を合わせたとき、その日の話題に取り残されずにすみます。朝御飯ができるまで、毎日、新聞を開きながら情報収集していたお父さんになった気分で、ネットニュースを見るようにしましょう。

ここで注意してほしいことは、ネットニュースを見終わったら、スマホを触るのを必ずストップすることです。**決して、朝の忙しい時間にYouTubeなどを開いてはいけません。**開いたが最後、止まらなくなり、あなたはせっかくアラームの設定を見直してまで挑んだその日の朝の闘いに、無惨にも敗北してしまうでしょう。

各種ＳＮＳを旅することはやめましょう。目覚めに見るのはネットニュースのみ。ぜひ試してみてくださいね。

79 とにかく起き上がるための究極の方法

アラーム設定や、起き抜けのネットニュース活用と、朝目覚めるための技をお伝えしていますが、ここでお伝えするのは、起き上がるための最終手段です。

ネットニュースを見て頭は覚醒したけれど、まだ体が覚醒しない。体を起こすことができない。そんな日もあるでしょう。

私がよく陥るのは、夫から「早く起きたほうがいいで」と声をかけられても、「起きてるよ」と言って、一向に布団から出られない状態です。

私たち発達障害を持つ人は、ついゴロゴロしてしまう人が多く、布団からなかなか出られなくなる経験をした人も少なくないと思います。特に休みの日などは、まったく布団から出られなくなってしまうことも。これでは1日がもったいない。

もう目は覚めているけれど、体が起き上がれない。そんなときに使える究極の方法をお伝えします。

仰向けになり、足を天井に向けて、真っ直ぐ上げてください。丁度横から見ると「くの字」になるくらい上げて、その足を今からお伝えする掛け声と共に、えいっと振り下ろしてほしいのです。それではいきます。

「えい！　わしはもう起きるんや！！！」

すると、勢いよく足を振り下ろした反動で、あなたの体は起き上がって座っています。

頭でどれだけ起きようと思っても起き上がれないときは、強制的に体を起き上がらせることです。

現在の常識では、脳が人間の体をコントロールしていると考えられています。でも脳科学的には、身体の動きが先にあって、次に脳がそれらの動きに意味や解釈を与える、と考えることがあるそうです。ならば、とにかく身体を動かしてみましょう。大きな掛け声も相まって、脳は慌ててついてきてくれるでしょう。

実際にこの強制的起き上がり方式を取ると、再び転がることなく活動を開始することができます。どうしても起き上がれないときの最終手段として覚えておいてください。

80

小型冷温庫を活用する

私は仕事柄、喉を守るために就寝時は加湿器を常につけていますが、それでも冬場は喉が乾燥し、夜中に目が覚めることがあります。そこで私は、手軽に水分補給ができるように、寝室に小型冷温庫を設置し、水のペットボトルを入れています。

夜寝る前に一杯の水を飲むことは、睡眠の質を高める上でとても大切です。

人は眠るときに、体の内部の温度である「深部体温」を下げることで、睡眠ホルモンと言われているメラトニンの分泌を促し、睡眠の質を高めています。就寝時に汗をかくのは、この深部体温を下げるために必要なことで、**水分が足りないと脱水症状を起こしたり、発汗による体温調節がうまくいかず、睡眠の質が低下したりしてしまいます。**

もっともらしく水の重要性や小型冷温庫の必要性をお話ししましたが、私が冷温庫を設置している一番大きな理由は、飲みかけのペットボトルを寝室に放置し、そのまま水を腐らせてしまうことがあるからです。新しいペットボトルを寝室に持っていってはやがて腐らせ、また新しいペットボトルを持っていく。これを繰り返した結果、気がつけば寝室が飲みかけのペットボトルだらけになったことがありました。

それはそれとして、睡眠の質を高めるだけでなく、朝、気持ちよく起きるためにも、小型冷温庫は大活躍です。

寝る前同様、朝起きて飲むコップ一杯のお水は身体にいい、と言われていますよね。カロリー消費が促されたり、代謝が活性化したり、美容にも効果があったり、血液がさらさらになったりと。起きてすぐに、丁度いいくらいに冷えた水を飲むと、スッキリとした爽快感を味わうことができ、気分をリフレッシュして一日をスタートすることができます。

睡眠の質を高めることができ、美と健康にもよい水を手軽に取り入れるためにも、寝室に小型冷温庫を設置することをおすすめします。**苦手な朝を克服するためには、寝室の環境を整えることが重要です。**

私たちに大切なのは工夫です。少しの工夫で睡眠の質が劇的に変わります。

さあ! 小型冷温庫を最強のお供に、睡眠の質を高め、朝はシャキッとリフレッシュ。

苦手な朝に立ち向かっていきましょう。

81

朝の洋服選びはワンチャンスのみ

「この服、なんか太って見えるなぁ」

朝、鏡の前に立ち、服を着た自分の姿を見て呟く。そこから服を着替え、再度鏡の前に立つ。なんだかしっくりこない。別の服にしよう。このトップスにはチェックのスカートが合うはずだ。ん？　チェックのスカートがない。どこを探してもない。ない、ない！！！

部屋にはタンスの中から引っ張り出して、投げ散らかされた服が散乱。結局着たい服が見つからず、しぶしぶ最初の太って見える服を着て、バタバタと予定時刻を過ぎて出かける。

これは、過去の私です。毎朝、着る洋服を直前まで決められず、遅刻してしまうのです。

これを防ぐ方法はただ1つ。朝の洋服選びは、ワンチャンスのみと決めることです。

「その日着る洋服を手にしたら最後、二度と選び直してはいけない」そんな決まりがあったなら、あなたはどうしますか？　簡単です。前日の夜のうちに選んでおけばいいのです。

私は仕事をはじめてから、**夜のうちに明日はこれを着よう、と決める**ようになりました。

しかし、夜決めるのを忘れることもあります。それでも、朝の洋服選びはワンチャンスのみ。そこで、パッと手に取って失敗してしまうことがないように工夫しました。太って見えるものや仕事にふさわしくない派手な服装などは、クローゼットの奥のほうに入れ、仕事にふさわしい清潔感のある服をクローゼットの手前にかけるようにしたのです。

その日の気分、というのもありますから、絶対に前日の夜に決めたものにする必要はありません。しかし、**なんだかしっくりこないから着替え直す、という行為は、遅刻という地獄へ落ちる一歩手前です。**一度心が萎えているので、その後も何を着てもしっくりこないという悪循環を生む恐れがあります。

成功者の中には、毎日同じ服を着る、という人もいます。Appleの創業者スティーブ・ジョブズや、Facebookの創業者マーク・ザッカーバーグが、私服を制服化し、毎日同じような服を着ていたのは有名な話ですね。決断する回数を減らして、その分のエネルギーを重要な決断のためにおいておくことで、仕事の生産性を高めていたと言われています。

服を選ぶのも、そこそこエネルギーがいります。そのエネルギーを別のことに回す。真似してみましょう。

82

甘酒を活用しよう

忙しい朝。栄養バランスの取れた朝御飯を食べることはなかなか難しいですよね。そんなときに活用してほしいもの。それが、甘酒です。私は毎朝、朝御飯の代わりに甘酒を飲んでいます。

甘酒を飲みはじめたのは3年ほど前ですが、飲みはじめてからの私は、非常に体の調子がいいです。

甘酒は、「飲む点滴」と言われています。その理由として、**栄養価が非常に高いことがあげられます。**甘酒には大切なエネルギー源となるブドウ糖が豊富に含まれており、効率よく体内に吸収されます。また、善玉菌を増やして腸内環境を整えるために必要な食物繊維やオリゴ糖、血行や代謝を活発にするビタミンB群など、健康を維持するためのさまざまな栄養素が含まれているのです。また、美しく健やかな体を作るために必要な必須アミノ酸9種類すべてが含まれているのも、素晴らしい点です。

さらに、甘酒は発酵食品ですので、免疫力も上がると言われています。

ここまでで、甘酒が体にいいことはおわかりいただけたと思うのですが、なんと甘酒は体にいいだけではないのです。

甘酒にはストレスを軽減させたり、心をリラックスさせたりする効果があるGABAが含まれています。また、米麹が神経活動にいい影響を与え、鬱症状や痛みを抑制する効果があることが研究でわかりました。**体だけではなく、心にもいい影響を与えてくれるのです。**

朝は忙しいから、とりあえず健康にいいと言われている甘酒を飲んで時短しよう、そう思って取り入れはじめたのですが、心にもいい影響を与えてくれていたのです。甘酒のお陰でしょうか。私は鬱になることなく、健やかな毎日を過ごすことができています。

時短にもなり、健康にもなり、美容にもよくて、心も健やかになる甘酒。ぜひあなたの1日の中に取り入れてみてください。ただ、甘酒は飲みすぎると太りますので、ご注意を。

83 到着時間は1時間前と決める

発達障害を持つ人は時間管理が苦手だと言われています。例に漏れず私も苦手なのですが、仕事では遅刻することは許されません。

そこで、私は到着時間を1時間早めることにしました。朝10時からの仕事であれば、9時に到着する、というように。

これは、非常に効果的です。9時に到着して何をするのだ、と思われる方もいるかもしれません。でも、喫茶店でのんびりお茶をする、メールのチェックをする、ネットニュースを見る、やらなければならないリストを見返す。このようにやることは無限にあるので、1時間前に到着しても暇を持て余すことはありません。

また、**1時間前を目指すので、よほど大きな交通機関のトラブルがない限り、多少の遅延などがあっても到着時間に間に合うことができます。**

道に迷っても大丈夫。方向音痴で電車の乗り過ごしも多い私ですが、この方法を採用してからというもの、遅刻したことがありません。

昔の私は遅刻が多く、友達や恋人との約束にもしょっちゅう遅刻していました。約束の時間に合わせてがんばって用意するのですが、いつも30分くらい遅刻してしまいます。

ある日、仲間5人で海水浴に行くため、「朝9時に集合!」と伝えられました。しかし、9時に約束の場所に着きましたが、そこには誰も人がいない。急いで仲間に電話すると、いつも遅刻をする私にだけ1時間早く伝えていたことが発覚しました。本当の待ち合わせ時間は10時だったのです。この日はたまたま遅刻しなかったので1時間待つことになりましたが、なるほどこれは頭のいい方法だと私は感心したのでした。それ以来、私は自分で自分に1時間前を言い渡すようにしています。

1時間前に到着すると、遅刻を防ぐだけでなく、心に余裕が生まれます。ドタドタと慌てて時間ギリギリに仕事に入るより、到着時間よりも1時間早く到着して、一息ついて余裕を持って仕事に入るほうがはるかに気持ちがいいです。

その日1日を清々しく過ごすことができますので、ぜひ試してみてください。

84

出発時刻？ 出られるわけがないのです

前の項目で到着時間を1時間前に設定することをお伝えしました。それだけでもずいぶん効果はあるのですが、私はさらに念には念を入れています。

到着時間を1時間前に設定してそこから出発時刻を割り出すときに、その出発時刻さえも、30分前を目標にします。出発予定時刻通りに家を出発できたことなど、これまで一度もないからです。

起床時刻もアラームを1時間半前から設定し、ちゃんと起きているにもかかわらず、出発時刻に間に合わない。摩訶不思議です。私が見ていないうちに時計の針がものすごいスピードで進んでいるのかもしれない、と思うほど、時間が失われていくのです。

普通にがんばって用意しているつもりでいますが、ときどき意識が飛んで、何もしていない時間があるのかもしれません。どこかに時間が吸い込まれていくようなその感覚は、私たち特有のものなのでしょう。

また、予期せぬトラブルが次々と襲いかかることも、出発時刻に間に合わない理由です。スマホのありかがわからない、上着がない、鍵が見つからない、財布を忘れて取りに帰る、出発直前にお腹が突如痛くなる……。**私たちには常に予期せぬトラブルがつきものなのです。スムーズにいくなどと考えてはいけません。**自分を過信しないことです。

今朝も出発予定時刻は8時半と決めていたのに、家を出られたのは8時55分でした。そもそもの用意が遅れていた上に、薬を飲むのを忘れていることに気づき、慌てて飲みに帰ったからです。しかし、出発予定時刻を早く設定していますので、特に大きな問題はありませんでした。しかも、到着時間は1時間前。まるで、朝、出発時刻に出られなかったことなどなかったかのように早めに現場入り。涼しい顔で仕事をはじめることができました。

早め早めの設定が、あなたを守ります。

実のところ**発達障害特有の「時間管理が苦手」という問題は全然解決していませんが、誰にも迷惑をかけずに仕事をすることができます。**

出発予定時刻に出られるはずがないならば、出発予定時刻を早める。すべては、できない自分を認めるところからはじまります。

85
乗り換え案内の落とし穴

あなたは「乗り換え案内」のアプリを活用していますか？　私は日々活用しています。仕事柄、決まった場所に毎回行くのではなく、さまざまな場所へ収録しに行くので、その都度、仕事場にたどり着くための経路を調べる必要があります。

乗り換え案内はとても便利です。早く、楽に、安く到着できる方法をパッと教えてくれます。活用しない手はありません。

しかし、勘のいいあなたなら、もうおわかりでしょう。**乗り換え案内すら、私たちには危険な落とし穴になりかねません。なぜなら私たちは、予定通りにいくことはないからです。**

過去、私は何度も乗り換え案内の落とし穴に落ちてきました。乗り換え案内には、電車から電車へ乗り換えるための目安の時間が書いてありますよね。あれに間に合わないのです。

私は究極の方向音痴なので、はじめて降り立った駅などでは、必ずと言っていいほど迷ってしまいます。その結果、目安時間内に乗り換えられないことが多々ありました。たまたま、乗り換えがうまくいくことはありましたが、それはあくまでも、たまたまです。そんな不安定なものを信じてはいけません。

また、私はホームにやってきた電車に無意識で乗り込む癖があり、方向が逆の電車にふらりと乗ってしまうことも。

こうなるともう、乗り換え案内は何の意味もなしません。降り立った駅で、乗車駅を変更して、また一からやり直すことになります。

乗り換え案内を使う場合は、到着時間にぴったりのものを選ぶのは危険です。ミスしたら、最後。ゲームオーバーです。そして、そのミスは結構な高確率で起こります。

必ず、到着時間ぴったりのものから3本前の電車を選ぶようにしましょう。それくらいで丁度いいのです。

便利なアプリも私たちには落とし穴となりうることを覚えておいてください。私たちに合う方法で、工夫しながら上手に使っていきましょう。

86

「走ったら間に合う」は危険思想

「駅まで走ったら間に合う！」。朝、身支度をしている最中に、こんな考えを持ったことはありませんか？　どんどん時間がなくなっていく中で、最終的に走れば間に合う、と自分自身に語りかけはじめる。これはかなりの危険思想です。

学生時代の私は、この危険思想のもと生きていました。駅までは自転車で大爆走。自転車置場に止めてからダッシュで駅まで走る。ギリギリ間に合うこともあれば、目の前で電車の扉が閉まることとも。目の前で扉が閉まったときには、まるでその電車が悪であるかのように舌打ち。その後、遅れた言い訳として「電車の扉が目の前で閉まったから遅れたんだ」と電車のせいにする。本当にひどい学生でした。

走ったら間に合うは、危険です。それはもう、**一か八かの賭けです。しかも、忘れ物でもして取りに帰ろうものなら一発アウト。**

ずいぶん前になりますが、始発に乗らないと間に合わない仕事がありました。始発に乗って丁度間に合う仕事なので、余裕を持って早めに現場に到着することもできず、確実にミスなくその始発に乗らなければなりません。

私は3時に起床。着々と用意をし、少し早めに駅へ向かいました。そして駅に到着したとき、財布を持っていないことに気づいたのです。ICOCA（JR西日本が発行しているICカード乗車券）もありません。電車に乗れない……。

青ざめた私は、くるりと踵を返し、一目散に家へ走りました。我が家は坂の上にあります。急勾配な坂を、走り続けました。息も荒く、いや、荒いなんてかわいいものではなく、「がぁーーーーー！」と半分雄叫びのような声を上げながら、1匹の獣のごとく坂道を駆け上がり、家に到着。財布を持って、今度は坂道を転がり落ちるように駅へと走りました。

神様は存在していました。奇跡的に私は始発に間に合ったのです。

後に夫が「明け方、何か雄叫びのような声を聞いた」と言っていました……。

その日から三日ほど、私の体はひどい筋肉痛となりました。無茶をしたのでしょう。

走ったら間に合う、というのは、よほど緊急のときだけにしましょう。家を出る前の段階から「走ったら間に合う思想」を持つことはやめましょう。ほぼほぼ間に合いませんから。

87 人の時間を奪うことは最大の悪だと思い込め

「時は金なり」。時間は、誰にとってもとても大切なものです。

遅刻する、ということは、相手からその貴重な時間を奪う行為です。時間だけは、何をしても取り返すことはできません。人の時間を奪うことは最大の悪だと思い込むようにしてください。

人はみな、それぞれに与えられた人生の貴重な時間を大切に生きているのです。何があっても遅れてはなりません。

友達の芸人さんが、以前こんなことを話してくれました。

ある日マネージャーが大幅に遅れてきたそうです。「すみません」と謝る彼の身だしなみはきちんと整っていて、なんなら髪の毛も丁寧にワックスでセットされ、きれいに整えられていました。

それを見た瞬間、めちゃくちゃに腹が立ったそうです。

「なんでそんなにキメキメでカッコつけて遅刻してきとんねん！」

「しかも、舞台に立つのはお前違うやろ！　舞台に立つのは俺らやぞ」

この話を聞いて以来、私は多少自分の髪型がぐちゃぐちゃだろうが、洋服が裏表逆で間違えていようが、遅刻だけはしないでおこう、と思ったのでした。

きちんとした身だしなみが、余計に相手の神経を逆撫ですることもあります。まだ寝癖頭で登場したほうが、急いできたことを理解してもらえるでしょう。**遅刻をして人の時間を奪うくらいなら、あなたの身だしなみが多少崩れていたほうがよほどましです。**

本来なら整えるにこしたことのない身だしなみさえ、何の意味もなくなってしまうくらい、遅刻することは最大の悪なのです。大事な場面での遅刻は、相手からの信頼を完全に失います。時間を奪う罪深き人間にならないように、くれぐれも気をつけましょう。


ここまで、苦手な朝と遅刻癖を克服するための方法をたくさんお伝えしてきました。朝をスムーズにスタートさせ、遅刻することなく過ごせるようになれば、人生はガラリと変わりますよ。

第7章

落ち込んだときに復活するマジック

88

「このパターンな！」で一度客観視

私は凪いだ海のような穏やかな毎日を過ごしたいと思っています。しかし、次から次へとさまざまなトラブルを自ら起こしたり、引き寄せたりしてしまいます。

これまでさまざまなミスを繰り返してきましたが、一番ショックだったのは、センター試験の現代文でマークシートをすべて1つずつずらして塗りつぶしてしまったことです。うっかりミスはたくさんありましたが、これは翌日まで寝込むほど落ち込みました。

しかし、私は翌日の夜、悔し涙を流しながらこう呟きました。

「このパターンな！」

私はわかっていたよ、我が人生にこんなパターンもあることを。つまりセンター試験を捨てろということだ。よっしゃ、捨ててやろうじゃないか。真夜中に自分にこう言い聞かせ、私は私大の試験へ頭を切り替え、精神を集中させたのでした。

「このパターンな！」。1つずれマーク事件で、うら若き高校生の私が身に付けた言葉です。若き時代に身に付けたこの術で、私は今もさまざまな場面を乗りきっています。

昨年、私はスピーチコンテストに出場しました。

一次予選はZoom審査。しっかりと練習し、スピーチに臨みましたが、開始直後、突然Zoom画面が真っ暗。私は恐ろしいほどの機械音痴なので、こうなるともうお手上げです。はたして、相手に私が見えているのか、それすらわかりません。

しかし私は、**「このパターンな！」と呟き、事態を客観視。**そのままスピーチを続けました。審査員に聞こえていようが聞こえていまいが最後までやりきろう、と決めたのです。

この判断は正解でした。画面は真っ暗でしたが声だけは最後まで聞こえていたそうで、トラブルにも動じずやりきったその姿勢が評価点に繋がり、予選を通過することができました。ちなみにこのスピーチコンテストでは、本選において優勝することができました。

仕事において、予期せぬ要求をされることもあれば、予期せぬトラブルが起きることもあります。そんなときこそ、「このパターンな！」と呟き、自分自身に起きた状況を一度冷静に客観視してみてください。不思議とどんなトラブルにも、めげずに立ち向かうことができますよ。

89

失敗した日の夜は飄々とした キャラクターになりきろう

「このパターンな！」でさまざまな危機を乗り越えてきた私ですが、ときには取り返しのつかない失敗をしてしまうこともあります。

ダメ出しをされてもまったく対応できず、「もうお帰りください」と言われ、せっかくいただいたナレーションの仕事を下ろされたこともありました。他にも、謝っても許されないような失敗をさまざましてきました。

しかしこのような失敗をしたからといって、いつまでも落ち込んで引きずるわけにはいきません。

そこで私はあるときから、失敗した日の夜は、飄々《ひょうひょう》としたキャラクターを演じてみることにしたのです。例えばルパンのように。

「なーんつってな〜。落ち込んだってしゃ〜ないしゃ〜ない。そ〜のほうが人生楽しいってもんよ〜。お〜もしろくなってきたぜ〜」

このように一旦、**自分自身を隣に置いておき、別人格のキャラクターになりきるのです。**私はルパン系の飄々としたキャラクターがしっくりくるのですが、別に飄々としたキャラクターじゃなくても構いません。

戦隊もののヒーローが、逆境を目の前にそっと呟くイメージでもＯＫです。

「ふっ、何のこれしき。想定内さ。こんなことでつぶれるような俺じゃないさ」と言って、不敵な笑みを浮かべてみてください。少し心が軽くなるのを実感できると思います。

発達障害を持つ私たちは、あとから悩んでもどうにもならないことについて、ぐるぐるといつまでも考えてしまう思考の癖があります。これを反芻思考と言いますが、これは何のプラスにもなりません。どこまでも自分を追い詰め、自己嫌悪に陥っていきます。

それを断ち切るために、キャラクターを演じるのです。

「こんなことで、へこたれる俺じゃないさ。まぁ、今回はこれくらいにしといてやるさ」

失敗したら、その日の夜はアニメやドラマのキャラクターになりきり、朝がくるのを静かに待ちましょう。新しい朝は、また新しい一日を運んできてくれます。そこからまた、本来のあなたに戻り、心機一転、がんばればいいのです。

90 失敗には意味がある

失敗したときはとても辛いものです。夜も眠れないくらい落ち込むこともあるでしょう。自分が嫌になることもあると思います。しかし、失敗をしないと、人は前へは進めません。

私は新人の頃、仕事で大失敗し、他の人に代えられてしまったことがあります。

「情報処理技術の資格取得」という言葉を、なぜかその日だけまったく言うことができませんでした。何度やっても同じところで噛むのです。私は割と滑舌はいいほうで、噛むことは少ないのですが、この日は、何度やり直しても最後まで言うことができませんでした。落胆したディレクターさんのついた大きなため息は、いまだに忘れられません。

なぜこのような現象が起きたのかわからず、先輩に相談してみると、先輩も同じことがたまに起きる、と教えてくれました。メンタル面の影響が大きいようで、一度噛んでしまうと、そこから沼にはまり抜け出せなくなるという、恐ろしい現象です。

私はそれまで一度もそんなことになったことがなかったので、いきなりその現象が起きたとき、どうやって対処したらいいのかわかりませんでした。

この他にも、若い頃はさまざまな失敗を重ねてきました。しかし、**その都度、次にまた同じ失敗を繰り返さないための対処法を自分なりに探し出し、改善を繰り返してきました。**若いうちにたくさんの失敗を繰り返したからこそ、ベテランになった今、たくさんの対処術を携えて、仕事をすることができています。

失敗には必ず大切な意味があり、あなたに必要なメッセージが込められています。うまくいかないことには必ず理由があります。あの日、噛みまくり現象が続いたのは、「自分は噛まないのだ」という私の慢心を戒めるために、神様が起こしたことだったと感じています。あのときの失敗があったからこそ、謙虚な気持ちで22年間ナレーションの仕事に向き合い続けることができているのです。失敗は長い目で見たら、失敗ではありません。

エジソンもこう言っています。

「私は失敗したことがない。ただ1万通りのうまくいかない方法を見つけただけだ」と。

失敗してもいいのです。大丈夫です。失敗したときこそ、成長するチャンスなのです。

91 相手はただの紙ヤスリです

「あなた、ほんとに使えないね」

これは、私が言われてとても辛かった言葉です。

自分の存在が役に立たないと言われて、申し訳なさと悲しさと情けなさで消えてしまいたくなったことがあります。この本を手に取ってくださったあなたも、もしかしたらこのような言葉を投げかけられた経験があるかもしれません。

発達障害を持つ人は、その特性ゆえに、仕事場の人間関係で辛い経験をしている人がとても多いです。いじめられた経験がある人もたくさんいます。今現在、とても辛い状況にある方もいるでしょう。

人間関係のトラブルほど、心を蝕むものはありません。あなたを思って注意してくれる人の言葉は受け入れるべきですが、あなたの人格を否定するようなことを言われたとしたら、ただちにその人からは離れるべきです。

想像力に欠け、相手の立場に立って物事を考えることのできないしょうもない人の言うことなど、気にしなくて構いません。

アメリカの俳優で、作家でもあるクリス・コルファーの名言を紹介します。

「何度も何度も傷つけられたら、相手を紙ヤスリだと思えばいい。多少かすり傷は受けれど、自分はピカピカになり、相手は使い物にならなくなる」

辛い経験は、必ずあなたの力になります。辛い経験をしてきた人は、辛い人の気持ちがわかります。傷ついている人の存在に気づくことができます。優しく寄り添える人になれます。紙ヤスリより、よっぽど強くて優しい心を持っています。

私たちは十分に傷ついてきました。もうピカピカに磨かれているのです。

もしあなたが今、誰かに攻撃されているとしたら、あなたがピカピカに光っているから、眩しくて、羨ましくて、相手は攻撃してくるのかもしれません。

あなたを攻撃する人には、「磨いてくれてありがとう」と心の中で呟きましょう。ただの紙ヤスリは、そのうちボロボロになっていくので、放っておきましょう。

92 氷から水になろう

人との出会いは奇跡です。世界の人口は80億人。その中で人と人が出会う確率は、なんと、0・00003%と言われています。これはロト6で3等が当たる確率とほぼ同じです。あなたの周りにいる人たちは、ものすごい確率で出会った人たちなのです。

それにもかかわらず、私はときにそんなロト6の3等ほどの人たちと対立してしまうことがあります。強すぎる正義感を抑えることができなくて、自分の考えを曲げることができず、相手とぶつかり、自らも壊れてしまうのです。

私の尊敬する行政書士の服部真和さんは、著書『できる社長の対人関係』(秀和システム)の中で、**対人関係において重要なことは、水のように振る舞うことだ**と言っています。「上善は水のごとし」。水はどんな器にも合わせて形を変えることができる。相手や状況に合わせて柔軟に対応できれば、対立は生まれません。

私は、水ではなく氷のようにカチカチな女でした。環境の変化や、状況の変化に対応しきれず、相手に合わせることもできず、柔軟性の欠片もないため、砕け散ってしまうことが多々ありました。

人とぶつかるのは非常に疲れます。せっかく奇跡の確率で出会っている人たちと、なるべく穏やかにやっていきたい。そう思っているのに、摩擦が生じることがたくさんありました。思い返してみれば、そんなとき必ず私は、冷たいカチカチの氷になってしまっていたのです。氷は器に合わなかったら、自ら砕け散るしかありません。相手に合わせられない氷のような生き方が、自分自身を苦しめてきたのです。

そのことに気づいてから、私も水のように生きることを心がけるようになりました。ときには恵みの雨となって、ときには静かに流れる川になって、ときには海になって……、どんなに姿を変えようとも、水が水であるという本質は変わりません。**自分が自分でありながら、自由自在に相手や状況に合わせて形を変えていく**のです。

今あなたと誰かとの関係に問題が生じているとしたら、あなたが氷になっているのかもしれません。カチカチの氷になりかけたら、心を温めて氷を溶かしましょう。

93 心を逃がす魔法の言葉

生きていたらショックな出来事に遭遇することもありますよね。今、この原稿を書いている私も、ナレーションのオーディションに3回連続落ちて、少し元気がありません。

このようなときに、ショックな出来事を真っ向から受け止めると、心は壊れてしまいます。そうならないために、私はこう呟くようにしています。**「萎えるわ~」**。

「萎える」という言葉を聞くと、皆さんはどのようなイメージを持たれますか？

私は、植物がしおしおにしおれて、葉が垂れて元気がなくなっている非常にかわいそうな状態が目の前に浮かびます。しかしまだ枯れてはいません。**枯れてしまったらそこで終わりですが、萎えている状態の植物は、水を与えたらまた復活します。**

なので私は、あまりにもショックなことがあったときや、とてつもなく腹が立つことがあったとき、深く傷ついたときなどには、復活する余地のある状態の「萎えるわ~」という言葉を口にするようにしています。

「私は大丈夫」とか「ピンチはチャンスだ」とか、プラスに変えることができたらいいのですが、そこまで持っていけないくらい気持ちが落ち込んだときは、「萎えるわ〜」がいい。

「萎える」という言葉には不思議な力があり、ひどく腹が立っていても、どんなに悲しいことがあっても、一旦心を逃がすことができるのです。

「腹立つわ〜」と言ってしまうと怒りの感情に飲まれてしまいますが、「萎えるわ〜」だと脱力感と共に不思議と穏やかな気持ちになります。

自己完結するための手段として用いるには「萎える」は最高の言葉なのです。この言葉を口にするときには、顔の筋力もすべて脱力し、どこにも力を入れずに、「ら行」さえ言えないくらいのだらけた滑舌で「なえぅわぁぁぁ」と、へなへな感を最大に出しながら言うのがポイントです。

しおしおに萎えた植物になりきり、少し休みましょう。大丈夫です。萎えても必ず復活できます。枯れていないのですから。

94 あえて鈍感でいよう

「鈍感」と聞くと、どのようなイメージを持たれますか？　人の気持ちがわからない、気が利かない、空気が読めない……そんなマイナスな言葉が連想されますよね。しかし、私は、「あえて鈍感でいる」ことも大切だと思っています。

発達障害を持つ私たちは、日常生活の中で些細なことに傷ついたり、深く落ち込んでしまったりするところがあります。これはミスにより叱られた経験などが多くて、自己肯定感が低くなってしまっていることが原因としてあげられます。何か問題が起きたときに、過去の記憶がフラッシュバックしてしまうのです。

鈍感であることは、自分の心を守ることに繋がります。

何か物事が起きたとき、それを重要なこととして捉えるのではなく、あえて「たいしたことないぞ」と捉えるようにしてみてください。

誰かから何かを言われて傷ついたとき、深く考えないようにしてください。なんでそんなことを言うんだろう、とさまざまな憶測をすることはやめましょう。

うまくできなくて叱られてしまったとき、「知らんがな」と心の中で呟いて受け流してください。私たちは自責の念に駆られると、本来できるはずだったことまでも、できなくなってしまいます。

誰かから嫌われていると知ったとき、なぜ嫌われたのか深く考えるのはやめましょう。へーそうなんだ、とあっさり切り捨てましょう。人の気持ちなど、自分の力ではどうすることもできません。生きていれば嫌われることもあります。嫌われたっていいのです。あれこれ考えるとどんどんよくない方向に思考は向いていき、私たちは闇に落ちてしまいます。

何かにつけて自分と他人とを比べてしまう人は、SNSの情報にも、鈍感でいることを心がけましょう。そして辛くなったときは、そっとSNSを閉じましょう。

あの人鈍感だよね、と思われても構いません。本当のあなたはとても優しくて繊細な人です。繊細すぎる人は自分自身を責めてしまいやすいのです。

完璧な人間などこの世にはいません。**何が起きても「へーそうなんだ」くらいで丁度いいのです。**

95

柳の木のように生きよう

私が生きる上で大切にしている考え方。それは「柳のように生きる」ことです。

「柳に風」という言葉があります。辞書で調べると、このようにあります。

「柳が風に従ってなびくように逆らわないこと。また逆らわずにうまく受け流すこと」

私は発達障害の特性からか、自分の意見を曲げることができず、何度も人とぶつかってきました。ディレクターさんと関西弁の発音について喧嘩になり、仕事を下ろされたこともあります。居酒屋で知らない人と、くだらないことで口論になったことも何度かあります。

なぜ、自分はうまく生きられないのだろう。ずっとそう悩みながら生きてきました。

そんなとき、柳に風、という言葉と出会いました。風が吹いたらその風に身を任せて、そよそよと揺れる。そのほうが楽に生きることができます。

風に逆らって無理をしたら疲れてしまいます。**そよそよと風に揺れる柳のように、いちいち反発せず、風に身を任せて、人の意見をうまく受け流していくようになってからというもの、人間関係のトラブルがずいぶん少なくなりました。**

また、「柳に雪折れなし」という言葉もあります。

柳の枝はよくしなるので、雪が降り積もっても振り落として、枝が折れることがないのです。暴風が吹いてもへっちゃら。堅い木ほど、雪が降り積もったらポキッと折れます。強風で折れてしまうこともあります。

柳の木のように、そよそよと風に揺られながら、決して折れることのない、しなやかな強さをイメージして生きることで、発達障害の特性ともうまく付き合えるようになりました。

仕事場でも、プライベートでも、自分の置かれている立場や境遇に反発するのではなく、まずは身を任せてみましょう。そよそよとなびいてみましょう。

他人の意見をうまく受け流しながら、心の中には決して折れない強い信念を持って、目の前のことに向き合いましょう。

柳は一見弱く見えますが、本当はどんな大木よりも強いのです。普段からその強さを表に出す必要はありません。

柳のようなしなやかな強さを身に付けて、にっこり笑って生きていきましょう。

96 弱い自分は愛すべき守備隊長である

あなたは自分のことを強い人間だと思いますか？　弱い人間だと思いますか？

私は、ものすごく強い部分と、どうしようもなく弱い部分があり、かつては自分の弱いところが大嫌いでした。傷つきやすくて、脆くて、臆病。ネガティブ思考だし、すぐにくよくよしてしまう。そんな自分が嫌いでした。

しかし、不安だったり恐怖心というのは、あらゆる動物が持っている自然な感情ですよね。

私はフクロウを飼っています。フクロウの警戒心はすさまじく、共に過ごす上で、なるべく彼を刺激しないように気をつけています。

私がフェイスパックをしていると、遠くから私に対して威嚇してきます。近づくと私であることに気づくので威嚇はやめてくれますが、自然界ではなく安全な部屋の中にいながらも、彼は常に危険なことが起きないか警戒しながら過ごしているのです。

私たち人間は、いつの頃からか、ネガティブ思考はよくない、ポジティブであれ、と教えられてきました。しかし、人間だって同じです。私たちは**ネガティブな思考があるからこそ、危険から身を守ることができているのです。**

楽しいことが起きる想像より、嫌なことが起きる想像をしてしまう私ですが、だからこそ、必要以上に嫌な出来事に遭遇せずここまでやってこられているところもあるのです。

また、**嫌な予感というものは、結構な確率で当たるものです。過去の経験が蓄積され、自分の中のさまざまなデータをもとに、嫌な予感というものは生まれます。**嫌な予感がするときは、近づかないにこしたことはありません。

あなたの中にいる弱い自分は、実は自分を守ってくれる愛すべき守備隊長なのです。弱い自分を受け入れましょう。むしろ、感謝して抱きしめてあげましょう。

弱い自分を受け入れ、弱い自分の声に耳を傾けることで、あなたの毎日がより穏やかなものとなるでしょう。

97 自分ファンクラブの会長になろう

あなたは自分のことが好きですか？　嫌いですか？

私は、ずっと自分のことが嫌いでした。苦手なこと、できないこと、思考の癖……数えればきりがないほど欠点だらけで、そんな自分が嫌でした。

私は、0歳のときに両親から育児放棄され、祖母に育てられました。94歳でこの世を去るその日まで私を見守って育ててくれた祖母には、感謝してもしきれません。

私は実の母から、「本当は産みたくなかった」と言われたことがあります。自分をこの世に誕生させてくれた母から、望まなかった命だったと告げられたとき、この世を去ることを考えました。

でも、私は死ぬことができませんでした。育ててくれた祖母、それまで出会った人たち、できない私と向き合ってくれた優しい人たちの顔が走馬灯のように浮かんだからです。

普通のことが普通にできない私は、たくさんの人に迷惑をかけて生きてきました。

学生の頃、机の中がぐちゃぐちゃになっているのを見かねて、整理してくれた友人がいました。バイト先の店長から「社会不適合者だ！」と罵られ、落ち込んでいる私を、「大丈夫だ、なんとかなる」と励ましてくれた友人がいました。愛する犬が、いつもかわいい瞳で私を見つめてくれました。

私はたくさんの優しさに支えられて、発達障害を抱えながらも、なんとか生きてくることができたのです。自分で命を絶つことをしてはいけない。なんとか私は踏みとどまれました。

今現在、**あなたが悲しみの淵にいるとしたら、どうか自分で自分を抱きしめてあげてください。**がんばっているあなたのファンクラブを作りましょう。会長はあなたです。胸を張って、自分を応援するファンクラブ会長に就任してください。

私も自分のファンクラブを自分で結成しています。**自分を愛してください。あなたは生きているだけで尊い存在です。**

私が一番求めてやまなかった言葉を、私からあなたに伝えます。

生まれてきてくれてありがとう。

98

清濁併せ呑めなくてもいい

「清濁併せ呑む」という言葉があります。これは、大海が清流も濁流もすべて受け入れるように、善も悪も区別なく、そのままの姿で受け入れることを言います。心が広く、器が大きいことです。

そんな、清濁併せ呑めるような人になりたいと憧れた時期がありました。

ある日、尊敬しているテレビ局のプロデューサーさんに「私は清濁併せ呑んで、なおも清くありたい」と伝えたことがあります。すると、こう返されました。

「郁ちゃん、それができたら、めちゃくちゃ出世できるで。僕はそれができない人間やから、こんなところで止まってんねん」

えっ？　私が尊敬するこの方でも、清濁併せ呑めないの？

「濁まで併せ呑んだら、なんか死ぬとき後悔しそうやろ」

その言葉に私ははっとしたのでした。私は自分自身がダメ人間なので、不器用な人、ミスの多い人などは親近感がわき、何の迷いもなく受け入れることができます。

しかし、ずるいことをする人や裏表のある人のことは苦手で、どうしても許せないことがあります。嫌なものは、やっぱり嫌で、たとえ受け流すことはできたとしても、受け入れる、ということができないことに気づいたのでした。

私の人間的な器は、大海原どころか、コップでもなく、おちょこの裏です。それなのに、ずいぶん大それた難しいことを目指していたのだ、ということに気づいたのでした。

清濁併せ呑めなくても構いません。**嫌いなものは嫌い。無理なものは無理。それでいいのです。**

濁を受け入れて、自分が腐ってしまっては意味がありません。濁はそっと受け流しましょう。そして、**心の水を清く保ちながら、腐らずに生きていきましょう。**私たち人間は、母なる大海から生まれてきました。そんな私たちが、大海になれなくてもいいのです。

強くて優しい海に抱かれながら、毎日気持ちの赴くままに、好きな人たちと好きなものに囲まれてゆるりと生きていきましょう。それが、幸せへの近道です。

99 ケ・セラ・セラ

私の子供時代、家には古いレコードがたくさんありました。祖母はレコードをかけて、鼻唄を歌いながら、柔らかい日差しが差し込んでいる部屋を掃除していました。たった二人での生活でしたが、私はそんなあたたかい時間が大好きでした。

特に印象深い曲は、ペギー葉山さんの歌う『ケ・セラ・セラ』です。祖母はこの歌が大好きで、いつも口ずさんでいました。

「ケ・セラ・セラなるようになるわ　先のことなどわからない」（※）

毎日この歌を聞いていたせいでしょうか。私は今でも心配なことや辛いことが起きると、思わずこの歌を口ずさんでしまいます。

くよくよ思い悩んだって仕方がない。解決方法を模索することは大切ですが、世の中には、自力ではどうにもできないことがたくさんあります。

明日は明日の風が吹く、という有名なことわざもあります。**いくら先のことを案じたと**

ころで何もはじまりません。うじうじ毎日を過ごすより、成り行きに任せましょう。

私がやっているナレーターという仕事は、先行きがまったくわかりません。そもそも人気商売で、数少ないナレーション現場という椅子をたくさんのナレーターで取り合っている状態です。さらに、ＡＩ音声が進化し、実際の人間のように喋らせることが可能になってきました。

しかし、**どうなるのかわからない未来のことにいらぬ心配をして、今という毎日をおろそかにするほど、もったいないことはありません。**自分の技を磨き続けることと、ナレーションでしっかり貢献し続けること以外に、今の私にできることはないのです。

あなたも今目の前にある仕事に、楽しみながら全力で取り組んでください。

ここまで、たくさんのことをお伝えしてきましたが、結局のところ、なるようになるのです。がんばっていれば、なるようになる。今この瞬間を大切に生きましょう。未来への不安も、過去への後悔も、あなたには必要ありません。

少しの喜びと、少しの悲しみと、幸せの欠片を大切に広い集めながら、毎日を乗り越えていきましょう。それでいいのです。先のことなどわからないのですから。ケ・セラ・セラ。

100 他人の評価で生きない

私たちは生まれた瞬間、ただ生きているだけで喜ばれる存在でした。

それがいつしか生きているだけでは喜ばれなくなり、常に人から勉強や運動や仕事などが評価される人生へと変わりました。

人と比べられ、優劣を付けられる。発達障害を持つ私たちは、人生の早い段階で、人よりできないことに傷つき、悩み、苦しんできました。比較され、評価されないことは、とても辛いですよね。逃げたくなったこと、泣きたくなったこと、人生が嫌になったこと、たくさんあったと思います。

そんな中、よくここまでがんばって生きてきました。


この世は競争社会です。人と比べられない場所は、どこを探しても存在しません。だからこそ、あなただけは、日々がんばっている自分を認め、愛してあげてほしいのです。

他人の評価はあくまで他人の評価です。左右されないでください。

誰かの一番になれなくてもいい。あなたは、あなたにとっての永遠の一番であってください。せめてあなただけは、人と自分を比べないであげてください。

あなたのペースで、1歩ずつ歩いていきましょう。昨日の自分より、今日の自分。今日の自分より、明日の自分。できることを少しずつ増やしていきましょう。そして、できた自分を褒めてあげましょう。

誰かのための人生ではありません。あなたの人生はあなたのものです。自分を信じて、自分を抱きしめながら、前へ進んでいきましょう。

疲れたら少し休んでもいい。また歩き出せばいいのです。

最後にもう一度言います。

他人の評価を気にせず、あなたの軸であなたの人生を歩んでくださいね。日々もがきながらがんばっている私から、もう十分がんばっているあなたに、大きな拍手を送ります。あなたと同じように、毎日を必死に生きている仲間がたくさんいることを、ときには思い出してください。

これからも同じ時代を生き抜いていきましょう！

あとがき

最後までお読みくださり、ありがとうございます。

発達障害の私たちにとって、今はまだ何かと生きづらいこの日本社会ですが、それでも私たちは仕事をし、生きていかなければなりません。空気を読むことが良しとされる社会で、なんとか擬態化しながらやっていかなければならないのです。

私は「発達障害当事者の会」を主催しているのですが、よく出る話題として「発達障害の人は甘えている、怠けている、と言われてしまう」というものがあります。これは、発達障害の人が仕事をする上で、周りの人に理解されず苦しむ困り事のひとつです。

発達障害を持つ人に「怠ける」といった余裕などありません。それがどうしても理解されないのです。目に見えない障害ゆえの辛いところです。

私たちは必死に生きています。恐らく、通常の人の何倍も努力と苦労を重ね、必死に人生に食らいついていています。迷惑をかけないように、ミスをしないように。必死に空気を読もうとしながら、ときに激しい叱責を受けながら。

それでも、うまくいかない自分に悲しくなることがあると思います。

私はこれまで、「そのままで大丈夫。あなたのままで大丈夫」という考えを提唱してきました。

発達障害の人はもうすでにものすごくがんばっています。だから、自分を変えようとする必要はありません。本来の自分のままでいい。無理しなくてもいい。自分を押し殺さないでいい。ポジティブでなければいけないこともありませんし、無理に自己肯定感を上げる必要もありません。

しかし、現在の日本社会で、発達障害を持つ私たちが仕事をする上では、ありのままの自分の行動に、ほんの少しの工夫を加えることが必要になります。

そこで本書には、私や発達障害を持つ人たちが実践して役に立ったというものをたくさん集めました。何か少しでもあなたのお役に立てたなら嬉しいです。

でも、決して、無理はしないでくださいね。

疲れたとき、心が萎えたとき、絶望の淵に立たされたとき。自身を責めたりせず、ゆっくり深呼吸してください。横になって休んでください。がんばりすぎないでください。人は調子のいいときもあれば、悪いときもあります。休みながら、生きましょう。

最後になりましたが、この本を書くにあたり協力してくださった皆様、本当にありがとうございました。

いつもそばにいてくれる大好きな仲間たち。お陰でたくさんのライフハックを生み出すことができました。

こんなダメダメな私をいつも支えてくださる私の所属事務所、株式会社キャラの社長、会長、スタッフの皆様、ありがとうございます。

愛する私の家族。迷惑ばかりかけているのに嫌な顔ひとつせず応援してくれてありがとう。

そして、この度「発達障害の人の仕事術の本にしましょう！」とお声をかけてくださった、かんき出版の久松圭祐さん。私が想いを込めた原稿に、とても丁寧に向き合い、私の想いを汲んでブラッシュアップしてくださったことに、心から感謝いたします。

また、出版の世界に私を導き、久松さんとのご縁を繋いでくださった石川和男先生。ありがとうございます。

天国から見守ってくれている私のおばあちゃん。おばあちゃんの言葉、本に書けてよかったよ。

そして、何よりも、この本を手に取ってくださり、最後まで読んでくださったあなた。本当にありがとうございます。

世界では、ニューロダイバーシティ（神経多様性）の考え方が今注目されています。発達障害がある人もない人も生きやすい時代が、そう遠くない未来にきっとやってくるでしょう。

多様性が認められる素晴らしい未来への期待に胸を震わせながら、この生きづらい社会を共に生き抜いていきましょうね！　たまに「萎えるわ〜」と呟きながら、ときには飄々としたキャラクターを演じながら、ケ・セラ・セラで生きていきましょう！

あなたの毎日が健やかでありますように、心からお祈りしています。

２０２４年７月　中村郁

【著者紹介】
中村　郁（なかむら・いく）

◉——ナレーター、声優（株式会社キャラ所属）。注意欠如・多動症（ADHD）、自閉スペクトラム症（ASD）併存の診断を受けた発達障害当事者。発達障害の当事者会「ぐちゃぐちゃ頭の活かし方」主催。

◉——幼い頃より、過剰に集中しすぎてしまう「過集中」に悩まされる。それでいて注意力散漫で、毎日忘れ物やケアレスミスだらけ。人とのコミュニケーションも苦手で、常に眉間にシワを寄せた辛い子供時代を過ごす。

◉——学生時代は、ADHD、ASDの特性が災いし、数々のアルバイトをクビになり、あるバイト先の店長からは「社会不適合者」の烙印を押される。「自分にできる仕事などない」と自暴自棄になって、就職活動することを放棄するが、偶然が重なりナレーター事務所に所属することに。マイクの前でひたすら喋るナレーターの業務は、究極のシングルタスク。偶然にも適職に出会うこととなる。もう絶対にクビになりたくない、という強い想いから、発達障害を持ちながらも大きなミスをしないための数々のライフハックを生み出し、仕事に取り組む。以後、22年間、産休以外で一度も仕事を休んだことがない。

◉——現在は、全国ネットの番組のナレーションやCMナレーションを多数務めながら、発達障害についての理解を世の中に広めるため、発達障害当事者として、執筆や全国各地で講演活動も精力的に行っている。著書に『発達障害で「ぐちゃぐちゃな私」が最高に輝く方法』（秀和システム）がある。

発達障害《はったつしょうがい》・グレーゾーンかもしれない人《ひと》の仕事術《しごとじゅつ》

2024年7月8日　第1刷発行
2024年11月7日　第4刷発行

著　者——中村　郁
発行者——齊藤　龍男
発行所——株式会社かんき出版
東京都千代田区麹町4-1-4 西脇ビル　〒102-0083
電話　営業部：03(3262)8011㈹　編集部：03(3262)8012㈹
FAX　03(3234)4421　振替　00100-2-62304
https://kanki-pub.co.jp/

印刷所——ベクトル印刷株式会社

　ISBN978-4-7612-7749-9 C0030